北大版普通高等教育"十四五"规划教材

数字资源

U0369893

21世纪学前教育专业规划教材

幼儿园舞蹈
教学活动设计与指导
（第二版）

董丽 / 编著

北京大学出版社
PEKING UNIVERSITY PRESS

图书在版编目(CIP)数据

幼儿园舞蹈教学活动设计与指导 / 董丽编著. —2版. —北京：北京大学出版社，2022.11
21世纪学前教育专业规划教材

ISBN 978-7-301-33528-4

Ⅰ.①幼…　Ⅱ.①董…　Ⅲ.①学前教育—舞蹈训练—幼儿师范学校 – 教材　Ⅳ.①G613.5

中国版本图书馆 CIP 数据核字(2022)第 197574 号

书　　　名	幼儿园舞蹈教学活动设计与指导(第二版)
	YOU'ERYUAN WUDAO JIAOXUE HUODONG SHEJI YU ZHIDAO(DI-ERBAN)
著作责任者	董　丽　编著
责 任 编 辑	于　娜
标 准 书 号	ISBN 978-7-301-33528-4
出 版 发 行	北京大学出版社
地　　　址	北京市海淀区成府路205号　100871
网　　　址	http://www.pup.cn　新浪微博:@北京大学出版社
微信公众号	通识书苑(微信号:sartspku)　科学元典(微信号:kexueyuandian)
电 子 邮 箱	编辑部 jyzx@pup.cn　总编室 zpup@pup.cn
电　　　话	邮购部 010-62752015　发行部 010-62750672　编辑部 010-62767346
印 刷 者	北京宏伟双华印刷有限公司
经 销 者	新华书店
	787毫米×1092毫米　16开本　13.75印张　260千字
	2014年5月第1版
	2022年11月第2版　2024年1月第2次印刷
定　　　价	69.00元

内容简介

《幼儿园舞蹈教学活动设计与指导（第二版）》是依据教育部《幼儿园教育指导纲要（试行）》和《教师教育课程标准（试行）》编写，从提高学前教育专业学生的综合素质出发，兼顾了教育价值观和专业知识与能力的培养。全书内容包括幼儿舞蹈教学活动概述、幼儿舞蹈教学内容、幼儿园舞蹈教学各年龄班的教学特点、幼儿园舞蹈教学方案设计、幼儿园舞蹈教学实施过程、幼儿园教师舞蹈技能训练、幼儿舞蹈技能训练、幼儿园舞蹈创编教学等。

本书是一部融理论、实践、视频资源、教学资源为一体的立体化教材，在丰富的文字内容和优美的舞蹈动作彩图的基础上，融入了相关的视频学习资源，还为师生准备了成套的课件资料，形成了较完备、实用且使用便捷的特色资源库，让使用教材的师生能够立体化地开展教学活动。

本书可作为学前师范院校舞蹈及舞蹈教学法课程的教材，也可以作为幼儿园一线教师以及广大幼儿教育工作者的教学参考书和进修教材。

本书资源

扫描右侧二维码，关注"博雅学与练"微信公众号，即可扫描本书所有的二维码观看视频学习资源。

幼儿园舞蹈教学活动设计与指导
（第二版）
请刮开后扫码获取数字资源
本码2029年12月31日前有效

一书一码，相关资源仅供一人使用。

读者在使用过程中如遇到技术问题，可发邮件至 yunana1219@163.com。

任课教师可根据书后的"教辅申请说明"反馈信息，获取教辅资源。

第二版修订说明

本教材自2014年出版至今，已有八年时间，期间无论是学前教育专业舞蹈教学的理念、方法，还是信息时代教学的模式等都有了进一步的发展，这些变化有助于作者在修订时给予关注和思考。

本教材的再版是建立在作者新的教学、研究的经验基础上，建立在能够满足广大学前教育工作者对教育教学的进一步需求的基础上的。本教材的修订秉承了原教材的框架结构和基本内容，结合教材使用者的建议进行了适当修改与补充。包括完善教学案例设计，添加原教材插图示例动作的视频以及示范案例的视频等，在丰富材料的同时，也让本教材的内容更加科学完整。

借此机会，向使用本教材的广大师生，以及给予关心、鼓励和帮助的同行、专家学者们致以由衷的感谢！

董　丽

2022年9月

前　言

　　当前，随着幼儿园课程改革的深入开展，舞蹈教育教学活动作为一种教育教学手段，显示出与幼儿密不可分的关系。因此，对于幼儿园教师的专业舞蹈素质也就提出了更高、更严、更科学、更规范的要求。如何根据儿童生理、心理发展的自然规律设计和指导舞蹈教学，启发幼儿主动、积极、创造性地参与、享受教学活动，已成为广大幼儿教育工作者迫切关心的问题，而相关教材的科学性则是他们合理组织教学课程的基本依据，是提高教学质量的重要保证。

　　基于对当前幼儿园教师教育课程质量标准的认识，本教材汇集了学前教育舞蹈学科的前沿知识、儿童发展和教育研究的最新成果。在力求体现学前教育专业课程的标准和要求的同时，也体现了学前教育专业教育教学的新理念、新思想，具有科学性、基础性和前瞻性。教材的编写摒弃了传统教材知识点设置按部就班、理论讲解枯燥无味的弊端，力图用新颖的写作模式、清新活泼的语言来引起学习者学习的兴趣。避免学习者对课程产生畏难情绪，使教材真正为学习者所用。

　　本教材采用理论阐述与教学案例解析相结合的原则，从幼儿舞蹈教学活动的定义与内容、各年龄班幼儿的教学特点、教学方案的设计和实施、教师专业舞蹈技能的培养，以及如何进行创编教学等几个方面进行讲述和分析。其深入浅出、言简意赅的表述形式，可帮助学习者理解、记忆和应用幼儿园舞蹈的各种教学形式、方法及内容。本教材不仅可为学前师范院校的舞蹈教学法课程和幼儿园一线教师提供丰富的教学素材和理论支撑，引导他们掌握从事学前舞蹈教育教学工作必备的专业知识与能力，还可为广大幼儿教育工作者提供参考。

　　感谢郑阳老师、吴子燕同学为本教材提供的动作示范照片及视频，以及王诗雨、宋思潼、周心怡、杨舒媛、张帅琪、崔心怡、唐朱青、侯天翔等同学的热情帮助和支持。另外，在本书编写的过程中，参考、借鉴了许多专家同行的宝贵经验，在此也向这些专家学者表示衷心的感谢！

　　由于编者水平有限，书中的瑕疵在所难免，望得到专家、学者、同行的批评指正，不吝赐教！

编　者

目　录

| 第一章 |

幼儿舞蹈教学活动概述

 学习目标

1. 了解舞蹈及幼儿舞蹈教学活动的定义和特点。
2. 了解幼儿舞蹈教学活动的教育意义。
3. 了解幼儿舞蹈教学活动的原则。
4. 掌握幼儿舞蹈教学活动的方法。

● 第一节　幼儿舞蹈教学活动的概念 ●

幼儿教育是对人的一切教育的开始，舞蹈在其中扮演着重要角色。幼儿舞蹈教育，可以让孩子们认识缤纷的世界，认识真善美，从而培养他们感受美、欣赏美、追求美的能力。

📖 案例导引1-1

幼儿舞蹈《粗心的小画家》。舞蹈以诙谐、幽默的表现手法，讲述了一个小画家开始由于粗心大意，把很多小动物都画错了，而他又是那么的骄傲，不能虚心接受别人的意见，不去改正自己的错误，以至于没有小朋友愿意理睬他，他感到很孤独。舞蹈的最后，

丁丁喜欢画图画，
红蓝铅笔一大把。
他对别人把口夸，
什么东西都会画。
画只螃蟹四条腿，
画只鸭子尖尖嘴，
画只小兔圆耳朵，
画匹马儿没尾巴。
哈哈哈，哈哈哈，
真是个粗心的小画家！

则展现了小画家认识到了自己的缺点，积极改正，与同伴们一起快乐游戏的有趣场景。这个舞蹈的实质意义在于生活化、简单质朴、富有童趣，幼儿易于理解，就像孩子们身边发生的事情一样。它包含着幼儿的"童心"和"童趣"，蕴含着孩子们对于"真善美"的感受力，寓教于活泼、欢乐之中，体现了幼儿舞蹈教育活动对于幼儿的审美能力的影响。

一、什么是幼儿舞蹈？

幼儿舞蹈是由幼儿表演或表现幼儿生活的舞蹈。它多用拟人、夸张等表现手法，组合成适合幼儿表演或符合幼儿欣赏水平的舞蹈形式，来体现幼儿的生活、思想、感情和态度，是对儿童进行德、智、体、美综合教育的重要手段。也可以说，幼儿舞蹈就是利用幼儿身体动作、语言、戏剧表演和音乐等相结合的手段来反映幼儿的生活、表达幼儿的情绪。

二、什么是幼儿舞蹈教育？

幼儿舞蹈教育是幼儿艺术教育的重要组成部分，它是以培养幼儿的情趣为特征，以生动的形象为手段，既强调幼儿自发的艺术倾向，又注重外部环境对调动发展幼儿艺术能力的作用的一种艺术教育形式。简单地说，幼儿舞蹈教育就是根据幼儿自身的特点，以幼儿的成长和发展为根本，通过舞蹈的形式对幼儿进行教育和培养。

幼儿舞蹈教育用艺术的气息不断地影响和培养幼儿的价值观、世界观，不仅培养幼儿对艺术的情趣，还使幼儿在享受美的熏陶的同时，精神上也受到潜移默化的启迪与教育，促进幼儿身心健康和谐发展。

三、什么是幼儿舞蹈教学活动？

教学活动通常指的是以教学班为单位的课堂教学活动。它是幼儿舞蹈教学工作的基本形式。幼儿舞蹈教学活动是指教师按照一定的教学原则，通过恰当的教学方法和教学内容，对幼儿进行舞蹈知识的传授，从而锻炼其技能、启迪智慧、引导正确的价值观和激发积极的情感体验。良好的舞蹈教学活动对幼儿的发展与成长具有重要意义。

四、幼儿园舞蹈教学活动的构成要素

幼儿园舞蹈教学活动的要素包括受教者（幼儿）、施教者（教师）、教学目的、教学内容、教学方法、教学信息反馈和教学环境等。其中，教师起着主导作用，他应该成为幼儿学习活动的支持者、合作者和引导者。而幼儿作为教学活动的主体，既是教学活动组织的出发点，也是落脚点，并决定着教育目的和教学内容的制定。综上所述，施教者和受教育者是教学活动的基础，教师应根据幼儿的年龄特点、动作发展规律等确定教学目的和教学内容，并选择适合其心理发展水平的教学方法，创设相应的教学环境以激发其学习兴趣，达到更好的教学效果。

五、幼儿舞蹈教学活动的教学策略

教学策略是为实际的教学服务的，是为了达到一定的教学目标和教学效果。目标是教学整个过程的出发点。教学策略的选择行为不是主观随意的，而是指向一定的目标的。[①]

教师要组织好幼儿的舞蹈教学活动，就要采用一定的教学策略，也就是说要运用多种教学方法和教学手段来激发幼儿的学习积极性。这些教学方法和教学手段可以让幼儿很好地体会舞蹈、了解舞蹈、感受舞蹈，并给他们带来快乐的舞蹈学习体验，其最终目的就是要培养幼儿舞蹈学习的兴趣。

六、幼儿舞蹈教学活动的指导思想

幼儿舞蹈教学活动注重的是幼儿的协调性、节奏感、创造性等舞蹈学科知识与幼儿的身心发展有什么关系，它能促进幼儿哪些方面的发展，等等，因此，不能把幼儿舞蹈教学活动引向舞蹈的专业化、成人化和技术化。在幼儿舞蹈艺术教学的过程中，应该实现的是幼儿能够以自身丰富多彩的个性，使用"身体"这一材料，把自己内心的情感通过动作表现出来，形成千差万别的人体动作姿势与形象。幼儿舞蹈教学活动的过程不仅仅是学习动作的过程，也是幼儿生命活动的过程，更是开启幼儿智慧与觉悟的过程，其中蕴含着丰富的人文意义。

● 第二节 幼儿舞蹈教学活动的特点 ●

幼儿舞蹈作为舞蹈艺苑中一朵鲜嫩的花朵，具有强烈的个性与特点。它用贴近幼儿的生活场景、心理特征，展现了幼儿对于真、善、美的童心体验和审美追求，使他们产生追求美感的共鸣。

---

① 梁惠燕. 教学策略本质新探[J]. 教育导刊，2004（1）.

案例导引1-2

幼儿舞蹈《拔萝卜》。

一个由幼儿扮演的小兔子，看到地里的一颗大萝卜，它想独自拔出来，可是无论用了多大的力气都无法实现。

这时来了大狗熊、小花猫、小猴子，还有其他的小动物，大家终于齐心协力帮忙把萝卜拔了出来。在舞蹈中，出现了多个动物形象。幼儿通过歌曲的内容，模仿表现了不同的动物形象，如小兔走路的跳跃，大狗熊走路的蹒跚，小花猫走路的静悄悄等，既表现了不同动物的形象特征，又直观地、清晰地表现了舞蹈的故事情节。可以说，这个舞蹈涵盖了幼儿舞蹈教学活动的基本特点，它不仅符合幼儿理解的生活常识，又能在此基础上展开丰富的想象，让幼儿在幻想的海洋里遨游。

一、幼儿舞蹈应该具有直观性

舞蹈形象是一种直观的艺术形象，它主要是通过人们的视知觉器官——眼睛来进行审美感知。这个特点决定了舞蹈作品中的情境和人物情感必须直接呈现在舞台上，幼儿舞蹈更是如此。由于幼儿正处于成长阶段，大脑神经系统尚未发育成熟，思维特点是形象和具体的，因而需更多地依赖于直观的、生动的、鲜明的形象来丰富他们的感性知识，发展认知能力。

幼儿舞蹈直观性的特点在舞蹈教学中的运用可以理解为：要使幼儿认识舞蹈形象，必须首先通过视觉感受来实现。因为直观感知是学习舞蹈的基础，是形成舞蹈语汇概念的前提。[①]作为幼儿舞蹈最显著的特点，直观性可以使幼儿更好地投入舞蹈作品的意境中进行联想和想象，更好地感受作品。

二、幼儿舞蹈应该具有模仿性

古希腊伟大的哲学家、科学家和教育家亚里士多德（Aristotle）认为："儿童一开始就具有模仿的本领。模仿就是学习。"瑞士著名儿童心理学家皮亚杰（Jean Piaget）认为："儿童的模仿能产生表象，是日后形成思维的准备，而模仿又恰恰是儿童日常生

---

① 曹秀娟. 浅述直观性原则在舞蹈教学中的运用[J]. 教育教学论坛，2011 (17).

活中增长知识和能力的主要手段。"幼儿对新鲜事物具有强烈的好奇心，他们感兴趣的都要去学，而学习的最突出一种形式就是模仿。幼儿舞蹈的模仿性，是指用模仿的手段再现生活中的一个场面、周围的一个环境以及适合幼儿表现的某种传统的文化艺术。

在幼儿舞蹈活动中，想象与联想所揭示的知识性内容可以说是模仿所提供的。如《小鱼游》中小鱼在水中摇头摆尾、悠然自得的形象，《小燕子》中小燕子在天空展翅飞翔、轻盈自如的形象，《小雨沙沙》中小雨沙沙下、花儿朵朵开的形象等，从生活实践中的模仿到舞蹈中的模仿，正是幼儿求知过程的基本发展趋势。幼儿舞蹈的模仿性使幼儿舞蹈更加贴近生活，具有更强的感染力。

三、幼儿舞蹈应该具有童趣性

童趣性即指符合幼儿的兴趣和情趣。童趣来自幼儿的好奇心和求新心理，往往是建立在自主自立的意识倾向之中的。对于幼儿来说，只要是他们觉得有意思、感兴趣的事情就能够立刻全身心地投入而乐此不疲。幼儿心理上的这一特点在幼儿舞蹈中具有重要意义，它是与想象力、形象化相伴生的儿童舞蹈的主要审美特征。幼儿舞蹈的模仿性使幼儿舞蹈更加贴近生活，具有更强的感染力。

如幼儿舞蹈《螃蟹歌》。在舞蹈中，幼儿两只手指的张合表现了螃蟹的大钳子的威力，横向的行走路线也形象地表现了憨态可掬的螃蟹形态特征。在这个舞蹈中，幼儿不但体会了模仿螃蟹形态的乐趣，更注进了他们的欢乐嬉戏之情。童趣的功能不仅可以调动幼儿参与舞蹈活动的积极性和主动性，让鲜明、生动、有趣的舞蹈艺术形象统一和同化幼儿的行为，让他们学在其中、乐在其中，还可以极大地提升幼儿的鉴赏、审美能力。

四、幼儿舞蹈应该具有童幻性

幻想是沟通幼儿与万物皆交流、互变，并唤起审美感受的桥梁，又是产生夸张、变形、谐趣、幽默等艺术形式的重要手段。[①]童幻性通常是界定儿童艺术的最显著的标志，因为幻想是儿童心理活动中最活跃的因素。它所展现出来的是幼儿舞蹈的天真、亦幻、亦变、亦玩、亦耍、亦探求、亦追寻……幼儿在幻想过程中真实而强烈的情感体现和对于想象情景直接表露的特点，正是幼儿舞蹈艺术形象的依托，是构成幼儿舞蹈艺术特色的基础。

在舞蹈中，他们可以像小鸟一样在天空中自由飞翔，可以像鱼儿一样在水里遨游，还可以把自己想象成大力水手、奥特曼……儿童在幻想过程中找到了与自己内心世界沟通的途径，因而愿意真实而强烈地表达自己的情感。

---

① 高惠军. 论儿童心理特征与儿童舞蹈艺术特色的关系[J]. 舞蹈，1997（1）.

第三节　幼儿舞蹈教学活动的意义

　　幼儿舞蹈教育作为幼儿教育的重要组成部分，它的教育目的不只是要求幼儿掌握舞蹈的基本知识和技能，更重要的是要挖掘幼儿的潜能、塑造健康的人格、促进各方面能力的综合发展。

 案例导引1-3

　　幼儿舞蹈《我和小刚做游戏》。"我和小刚在一起做游戏，一不小心我把他绊倒在地，我急忙扶起他，说声对不起，他笑着对我说——没关系。"首先，从这个幼儿舞蹈对身体机能的作用上看，绕腕、团手、屈伸等手臂动作发展了幼儿的指关节、腕关节和肘关节的灵活性，而辅助的下肢屈伸、小碎步等动作也促进幼儿腿部肌肉的发育。其次，舞蹈调动起了幼儿的生活经验，如果碰到了小朋友摔倒了，自己需要做些什么呢？在发挥孩子们想象力、创造力，提高他们的学习兴趣的同时，也帮助他们更好地理解舞蹈活动的内容。舞蹈中所蕴含着的潜在的教育作用，能使幼儿对歌曲内涵和情感有深刻的理解，从而引导幼儿逐步形成良好的道德品质，以一颗博爱之心去关心爱护周围的人和物。

一、幼儿舞蹈教学活动能促进幼儿身体机能的发展

　　人体在运动时，身体的各部分所处的空间位置以及肌肉活动的状况不停地发生着变化。这些不同的信息通过中枢神经系统，对身体所处的情况做出判断，并据此指挥身体的某一个部位，使其达到协调和灵活。

　　在舞蹈中，大脑不仅要控制身体的动作，还要感受音乐的变化以及情感的表达，并使这些信息结合在一起，用肢体表现出来。如用手部的小波浪动作模仿大海中的浪花儿、用腕部及手部的横向摆动模仿小雨沙沙下、用手指的扩张伸展模仿闪烁的小星星等，这些动作可以促进幼儿手指肌肉的灵活性和协调性；还如用脚下的小碎步移动

表现小鸟的飞翔、用蹦跳步表现小兔子跳跃的行走方式等，学习这些动作可以促进幼儿腿部肌肉的发育。

幼儿身体的协调性和灵活性是通过一系列舞蹈动作的训练达到的。通过这些训练，不仅可以增强儿童身体各部位的营养供给，促进其骨骼、关节、韧带的生长，提高肌肉能力、控制力、心肺能力等，还可以促进幼儿的视觉、听觉、本体感觉等各种感觉功能的发展。

二、幼儿舞蹈教学活动可以提高幼儿的审美能力

舞蹈是看得见的音乐，流动的雕塑。它有画的意境、诗的魅力和流畅的造型，具有独特的形式美。幼儿舞蹈作为一种以人体动作为物质材料的表现性的艺术活动，通过调动幼儿身体的动作、表情、姿态、情感、内心体验等多种心理和生理机能，使其在学习中"会思、会想、动情"。

由于幼儿的审美鉴赏能力是通过对审美的感受力加以表现的，经常利用舞蹈教学活动对幼儿进行审美教育，让幼儿在舞蹈美学的知识海洋里感知其中的滋味和深浅，不仅会使幼儿在教育活动中体验积极快乐的情绪，在情感上产生共鸣，还可以培养幼儿的审美感知，提高幼儿的审美理解力，逐步提高鉴赏能力和审美情感。而幼儿审美能力的提高，正是幼儿舞蹈教学所要达到的最终目的。

三、幼儿舞蹈教学活动有利于幼儿的道德培养

教育家陶行知说："道德是做人的根本，根本一坏，纵然是你有一些学问和本领，也无甚用。"幼儿舞蹈是以感情为中心的，大多有故事性、情节性及深刻的教育性。它可以让孩子们发自内心地体验到道德的崇高性，使他们在情感上受到感染。幼儿在学习过程中，通过对舞蹈作品内容的理解和体验，潜移默化地学会认识、辨别事物的真、善、美和假、恶、丑。用舞蹈这种"润物细无声"的教育方式将德育渗透到孩子们的日常生活中，将会给他们幼小的心灵留下深深的印记。

如幼儿舞蹈《劳动最光荣》。通过歌曲和舞蹈中描绘的"小喜鹊造新房，小蜜蜂采蜜忙，幸福的生活从哪里来？要靠劳动来创造"的情节，让幼儿体会了劳动的光荣、劳动的快乐，懂得劳动创造幸福的道理。幼儿在学习、表演舞蹈的过程中，也学会认识真、善、美。

四、幼儿舞蹈教学活动有利于幼儿智力的发展

首先，幼儿舞蹈的学习过程是幼儿学习知识的过程，在舞蹈中，孩子们可以了解自然、人文、文学等相关领域的知识，并依靠丰富的想象和心灵的感悟去感受舞蹈的内涵。

其次，幼儿舞蹈的学习过程也是幼儿的视觉、听觉、手、脚、脑同时启动的过程，它需要依靠大脑的紧张活动来进行调节和平衡，与此同时，幼儿的感觉、知觉、联想等心理活动以及理解、思维能力都得到了很好的配合和锻炼。当一段优美动人的舞蹈调动起幼儿的学习兴趣后，可以激发他们的有意注意，并通过高度的指向和集中去感受舞蹈的内在情感、韵律和节奏，这样，在学习舞蹈技能的过程中，也提高了幼儿的观察力、记忆力和思维能力等。

幼儿生性好动、好奇心强、求知欲高、对事物善于幻想，舞蹈在这方面也给了孩子肥沃的土壤。它可以使幼儿直接获得感性经验，加深对于外界事物的认识。可以说，舞蹈教学活动不仅能培养和提高幼儿的想象能力，发展幼儿探索的能力和创新精神，还能为培养他们的抽象思维能力奠定基础。

五、幼儿舞蹈教学活动能培养幼儿的意志品质

心理学家通过实验表明：优良的意志品质并不是生来就有的，而是在幼儿的实践活动中、在克服困难的过程中逐渐形成起来的。幼儿时期是意志品质形成和发展的重要时期，重视对幼儿良好意志品质的培养将对其一生的发展产生重大影响。在幼儿时期，幼儿意志品质的主动性和独立性较差，行动缺乏目的性和持久性，他们做事往往凭兴趣，即使有目的，碰到点儿困难、受到点儿挫折就容易打退堂鼓，很难坚持下去。舞蹈虽然是美的艺术，但同时也是艰苦的艺术，敢于面对这种挑战，是对幼儿意志力和顽强坚韧的能力的考验。

在舞蹈表演中，要想使舞姿优美，富有表现力，就需要幼儿在平时的学习中，完成对身体灵活性、协调感、肌肉能力等多方面的训练。当然，"残酷"的训练，是需要幼儿具有坚强的意志和吃苦的精神的。此时，需要教师通过有效的教学方法，激励幼儿去克服困难，让他们获得和享受克服困难后的成就感。久而久之，当这些过程形成了自然的、一贯的、稳定的动力定型之后，幼儿也就养成了良好的意志品质和行为习惯。

六、幼儿舞蹈教学活动能促进幼儿社会化的发展

幼儿的社会化指的是幼儿在社会环境中初步了解、掌握社会规范，逐渐适应社会生活的心理发展过程。幼儿期是个体社会化的关键时期，对其以后的社会态度和社会行为具有十分重要的影响。

幼儿舞蹈教学活动发展了幼儿的交往意识及能力，有利于幼儿集体意识和合作意识的形成，提高同伴之间交往的能力。在幼儿独立性、个性很强的今天，幼儿在一起互相合作的机会很少，因此经常出现为了满足自己的要求而忽略游戏规则的情况。舞蹈教学活动的趣味性却能使幼儿愉快地、心甘情愿地去顺从活动的规则和要求，加强对自己的约束，并能在其他幼儿的提醒和督促下，有效地矫正自己的不良行为，逐步养成遵守规则的良好习惯。幼儿舞蹈对于培养幼儿的合作意识以及在学会合作的过程中逐渐克服以自我为中心，养成一种协商合作和有利他人的亲社会行为有着极为重要的意义。通过舞蹈教学，可以在幼儿之间营造一种团结友爱、互助合作的群体氛围，增强幼儿的社会适应性。

第四节　幼儿舞蹈教学活动的原则

以往传统的教学活动中，常以怎么教会幼儿为原则，相关研究往往也是关注怎样教会孩子。这种重视教师的教，忽视幼儿的学的教学理念，违背了以幼儿为主体的教育价值观。只有掌握幼儿舞蹈教学活动的原则，将教学的中心放到孩子的身上，着重引导幼儿观察与思考，才能最大限度地调动幼儿学习舞蹈的兴趣，教学活动才能真正体现出价值与意义。

 案例导引1-4

《雀之灵》是杨丽萍创作的最具有代表性的一个经典的民族民间舞蹈作品。它在动作的编排上，充分发挥了舞蹈本体的艺术表现力，塑造了一个超然的、灵动的艺术形象。

教师在教授或编排幼儿民族民间舞（以傣族民间舞《孔雀舞》为例）的时候，就可以遵循幼儿舞蹈教学活动的原则来指导教学。首先，可以通过观看舞蹈《雀之灵》的视频，为幼儿建立起直观的视觉印象，让幼儿产生强烈的学习兴趣和欲望。然后用富有感染力的语言、优美的音乐把幼儿带至情境之中，翩然起舞。与此同时，教师用适时的动作示范，启发幼儿用自己的身体创造性地表现出孔雀的优雅、美丽……

一、幼儿舞蹈教学活动的启蒙性原则

所谓启蒙性原则是指教授的学科知识是基础的、浅显的、易被幼儿理解和接受的。幼儿教育的实质是启蒙教育。幼儿的生理、心理发展不够成熟，难以接受复杂的知识结构和掌握高难度的技巧动作，这就决定了幼儿舞蹈教学活动只能传授初步的、简单的知识和技能。它的根本目的是让幼儿追寻和享受舞蹈这种艺术表现形式给个体带来的愉悦。

幼儿舞蹈教学活动的启蒙性原则，是为了激发幼儿对艺术的兴趣。实质上，它仅需要为幼儿打开艺术世界的大门，引导他们去感受五彩缤纷的艺术天地。因此，在舞蹈教学中，教师不要片面地追求动作的高、难、多，而是要注重培养幼儿对舞蹈学习的积极情感、兴趣；同时，还要注意接纳孩子有不同的学习程度以及进步程度，并及时对幼儿提出表扬和鼓励，以培养幼儿乐于接受舞蹈的学习态度。

二、幼儿舞蹈教学活动的直观性原则

直观性原则是指在教学中，幼儿通过观察所学事物，形成对所学事物的清晰表象，从而正确理解知识和发展能力。直观感知是学习舞蹈的基础，是形成舞蹈语汇概念的前提。幼儿舞蹈教学尤需注重直观性教学原则的应用，它可以使舞蹈学习"艺术化""形象化"。鲜明、生动、具体的形象，易使幼儿把形象思维与抽象思维有机地结合起来，有利于他们对舞蹈知识的理解、掌握和记忆。

如教授大班幼儿学习表演舞《数鸭子》，教师可以做两次示范动作。第一次示范动作时教师提示幼儿主要感受歌词内容："门前大桥下游过一群鸭，快来快来数一数二四六七八，咕嘎咕嘎真呀真多呀，数不清到底多少鸭；赶鸭老爷爷胡子白花花，唱呀唱着家乡戏还会说笑话，小孩小孩快快上学校，别考个鸭蛋抱回家。"有趣的歌词配以教师的肢体动作先引起了幼儿的兴趣。第二次示范动作时主要让幼儿注意观察教师的动作表现，这个舞蹈里面都有哪些形象？河里游过的小鸭子、"数不清到底有多少鸭子"的小朋友、亲切和蔼的老爷爷、不好好学习抱个"大鸭蛋"的小孩子……教师通过形象的肢体动作、丰富的表情、诙谐幽默的歌曲内容让幼儿对舞蹈有了一个比较完整的印象，从而激发了幼儿学习舞蹈、急于表演的欲望。

三、幼儿舞蹈教学活动的游戏性原则

游戏是幼儿主体性的活动，游戏过程是幼儿主动学习、主动建构自己经验的过

程。其实，对于幼儿来说，游戏就是学习，因为游戏符合他们的认知特点。游戏性教学可以为幼儿创造愉快的学习氛围，营造愉悦之境，使之享受着教学活动之中的自由自在、轻松活泼。

幼儿舞蹈与游戏有其相似性，也可以说就是游戏——一种高级的游戏，一种有意味的游戏，一种在一定时空范围内做标准运动形式的游戏，一种只要你能主动参与进来就会获得其中的乐趣的游戏。它们的这种相似性保证了舞蹈教学活动的顺利开展。把舞蹈教学活动当作一种有趣的游戏活动，让幼儿在游戏中感受、体验、想象、创造，可以激起他们的好奇心、探索心，唤起幼儿的艺术兴趣。舞蹈教学活动的游戏性原则可以让幼儿在学习的过程中不断体验着快乐，并能较长时间乐此不疲地沉浸之中。

这里需要强调的是舞蹈教学游戏化的实施过程。因为游戏的趣味性容易使幼儿陷入其中而忘却学习任务，教师必须发挥其主导作用，合理安排游戏进程，不能让游戏的娱乐性掩盖舞蹈学习的目的性。

四、幼儿舞蹈教学活动的渗透性原则

渗透性原则是指教师通过构建宽松的心理环境，把舞蹈教学活动与其他教学活动有机融合、相互贯通，并通过日常生活、游戏等延伸活动的共同作用，让幼儿积极主动地学习，以培养他们对舞蹈活动的兴趣和对美的感受力、表现力、创造力。

在舞蹈教学活动中，幼儿吸收的主要是舞蹈动作的信息材料，但其他非舞蹈的信息材料往往也是不可缺少的。幼儿有他们独特的心理特征，在开始学习舞蹈的时候，他们对舞蹈形象的认知常常是零碎的、模糊的，只有通过教师声情并茂的描述和形象、生动的动作示范，才能让幼儿从模糊认知到清晰全面再到深化发展，以致用充满情感的肢体动作予以表达。因此，教师需要制定相应的教学策略，采用适当的教学方法，将舞蹈教学的内容渗透到幼儿一日生活及学习的多个方面，以增强幼儿的感受力和认知力。

五、幼儿舞蹈教学活动的情境性原则

情境性原则是指在舞蹈教学过程中为了达到既定的教学目的，制造或创设与教学内容相适应的具体情境或氛围，以激起幼儿的学习兴趣，帮助他们迅速、正确地理解教学内容。情境性教学是以幼儿的积极参与为前提的，它的核心在于激发幼儿的情感和表现欲望。适宜的、优化的教育情境可以给幼儿提供生动丰富的学习材料，将幼儿

的学习兴趣激发出来，帮助幼儿自主地、投入地参与活动，形成积极的情感体验。在舞蹈教学中，教师可以充分利用视觉、听觉、动觉、想象等可感的审美因素，从各种渠道综合作用于幼儿的情感，使他们对舞蹈活动产生浓厚的兴趣，积极地进入舞蹈艺术的学习状态。

如大班幼儿学习表演舞《春天在哪里》时，教师就可以先带领幼儿走出教室，引导幼儿在户外观察春天的景色，亲身感受春天周围环境的变化。在他们的眼睛里，看到了花儿开了、树绿了、小鸟儿唱歌了，此时的他们情不自禁地也会在草坪上跳起了舞，学小鸟的飞翔、柳枝的摆动、花儿的盛开……孩子们有了这一系列的情感体验，到了舞蹈学习时，就有了丰富的实际感受，也就能用表情和动作准确地表达舞蹈了。

六、幼儿舞蹈教学活动的开放性原则

开放性原则是指在教师主导作用控制下，赋予幼儿最充分的自由，幼儿可以以多种形式进行学习，从而全面地发展自我。在幼儿舞蹈教学活动中，开放性原则具体包括教学方法灵活、不强调模仿、学习效果多元化、注重个体差异、鼓励自我表达和创新等内容。

每个幼儿是一个思维个体，都具有一定的个性，在教学过程中，教师提出问题后要让幼儿根据自己的思维特点进行思考和分析，而教师的作用则是"重在点拨，妙在开窍，贵在引导"。在舞蹈教学活动中，教师不仅要为幼儿提供探索性的、丰富的、轻松的环境，还要以幼儿为主体，让幼儿由被动学习变成主动探索创新，使之体验自由表达和创造的快乐。开放性原则有利于激发幼儿思维的灵感，使幼儿的思维更加灵活、头脑更加敏捷，真正地、开心地跳属于自己的舞蹈。

七、幼儿舞蹈教学活动的因材施教原则

因材施教原则是指教师要从幼儿的实际情况、个别差异出发，有的放矢地进行教学，使每个幼儿得到充分的发展。在舞蹈教学活动中，教育的对象既是有一般共性的幼儿群体，又是各具特性的幼儿个体。而不同的幼儿，其发展水平与能力各不相同，在舞蹈教学活动中的表现也各有差别，因材施教就是要能准确地把握幼儿的个体特质，进行有针对性的个别教育。

在教学中，教师对舞蹈能力较弱的幼儿，要给予激励或特殊帮助；对舞蹈能力较强的幼儿，要严格要求他们并注意精益求精；对注意力不集中、学习不专心的幼儿，要多暗示、提醒，培养他们的自控能力；等等。遵循因材施教原则，就要重视每一名

幼儿的优势，挖掘每一名幼儿的潜力，满足每一名幼儿的需求，促进每一名幼儿的发展。

八、幼儿舞蹈教学活动的启发性原则

启发性原则是指教师在教学活动中要最大限度地调动幼儿学习的积极性和主动性，激发他们的求知欲望和探索精神，充分发展幼儿的创造性能力与创造性人格。幼儿的年龄特点决定他们学习的主动性和积极性是与其兴趣、爱好、好奇心、求知欲望等紧密相连的。因此，要让幼儿成为教学活动的主体，而教师作为主导，其作用是启发、诱导幼儿仔细观察周围事物，培养他们初步的抽象能力和创造能力，从而使幼儿深刻地理解掌握知识，获得多方面的体验。只要教师善于运用启发性教学这一原则，运用自己的智慧，赋予它灵活性和创造性，那么，幼儿思维的火花就会随之迸发、闪耀。

如带领小班幼儿进行音乐游戏《小鱼游》。在幼儿刚开始做动作时，可能只会表现小鱼游来游去的姿态，这时，教师可以用语言启发孩子："小鱼是怎么呼吸的？对，吐泡泡。它的尾巴是怎样的呢？是不是摆来摆去的？"在教师的启发和引导下，每个幼儿都投入自己的尝试活动中，表现小鱼游的内容就丰富多了。启发性原则可以让每个幼儿有充分表现和乐意表现自我的机会，使孩子们真正成为活动的主人。

九、幼儿舞蹈教学活动的循序渐进原则

循序渐进原则是指教师要按照教材内容的系统性进行教学，包括由浅入深、由易到难、由简到繁、由具体到抽象等。在幼儿舞蹈教学中，由于幼儿的认知能力存在着阶段性的特点，教师不仅要以教材的系统性，还要以幼儿的生理发展特征为基础考虑教学的逻辑顺序，提出教学要求。如果动作太简单了，幼儿会觉得枯燥无味，而如果过于复杂，他们又会感到手忙脚乱、不知所措，失去对舞蹈学习的兴趣。只有遵循循序渐进的原则，才能使幼儿在点滴积累、逐步提高、由量变到质变的学习过程中，舞蹈能力得到不断发展。

如小班幼儿的律动训练大部分以拍手为主，在活动过程中教师可以鼓励和引导幼儿不仅仅做拍手动作，还可以拍头、拍肩、拍腿等，在单一的动作练习过后，还要逐渐引导幼儿协调身体，配合手脚一起做动作，也许刚开始的时候他们的动作还不是很协调，但是慢慢的，他们的节奏感和协调性等方面的能力都会得到加强和提高。

十、幼儿舞蹈教学活动的巩固性原则

巩固性原则是指教师要引导幼儿在理解的基础上牢固地掌握知识和技能，并使之长久地保持在记忆中，在需要运用知识技能的时候，能根据需要迅速再现出来。怎样才能既向幼儿传授知识，而同时又能保证知识的巩固性呢？古有云："温故而知新"。组织幼儿复习是"温故"的重要途径。复习就是重温已经学过的知识，让它们在头脑中得到再现，使知识在记忆里的痕迹得到强化。

为了更好地贯彻舞蹈教学的巩固性原则，对于教师有以下要求。首先，要让幼儿在理解的基础上巩固知识。理解、掌握知识与技能是巩固的基础，教师要保证幼儿在教学中已经学会、学懂基本的舞蹈动作，这样教学才能获得巩固的良好效果。其次，要让巩固的具体方式多样化。除了必要的舞蹈技能练习，教师还可以适当地运用教学辅助手段，如观看教学视频、倾听音乐等来启发幼儿的思维，当幼儿看到这些场景和听到这些音乐，脑海中便出现了曾经学习过的肢体动作。最后，要保证巩固的科学性。心理学研究揭示了关于记忆和遗忘的一些规律，按照这些规律以及舞蹈教学过程中的重难点来组织安排巩固，可以提高巩固的效率。总之，巩固性原则在教学中是必不可少的，也是非常重要的一个环节。

● 第五节　幼儿舞蹈教学活动的方法 ●

幼儿舞蹈教育是根据幼儿自身的特点，以幼儿的成长和发展为根本，通过舞蹈形式对幼儿进行教育和培养。恰当的舞蹈课堂教学的方式和方法，既能培养幼儿对舞蹈的热爱之情，还能激发他们学习的兴趣，促进各方面能力的发展。

 案例导引 1-5

舞蹈是一门美丽的艺术，同时也是一门残酷的艺术。若想舞出美感，就需要孩子们具备一定的舞蹈基本素质。有的孩子很喜欢跳舞，但一练基本功就吃不了苦头，哭鼻子不愿练了。若能让幼儿持之以恒、坚持不懈地刻苦学习，则需要行之有效的授课方法。以蛙式开胯练习为例，蛙式舞姿是胯部软开度训练的形式之一，在进行训练时，教师就可以采用启发和游戏

的方法进行教学。教师可以把幼儿形容为田间捉害虫的小青蛙，那么可爱的小青蛙的腿部是怎样的形象呢？这一问题引起了幼儿强烈的兴趣。于是，在做开胯的练习中，就减少了幼儿训练中因枯燥感、疼痛感引起的畏难情绪。兴趣是孩子们学习的最好动力，只有当幼儿的学习兴趣被诱发、激励起来后，他们才会自愿地、轻松地学习。

一、幼儿舞蹈教学活动的示范法

示范法是指教师以准确、形象、生动、富有感染力的示范动作向幼儿说明所学动作的内容、要领和做法，启发幼儿积极思维，引起学习兴趣。幼儿喜欢模仿，但是他们的思维、判断和逻辑等能力还不成熟，因此，教师在教学中，对所教授的动作要尽可能多地做示范，只有将最美丽、最规范的动作深深地印在幼儿的脑海里，才能引起幼儿学习的极大兴趣，使他们产生学习舞蹈的愿望。准确的示范动作能够使幼儿建立起准确的动作表象，使直观与思维相结合。

示范法是幼儿舞蹈教学中应用的最多的方法。它可以根据幼儿年龄和对动作掌握的程度来进行，一般采用完整示范、反复示范、部分难点示范等方法。

二、幼儿舞蹈教学活动的讲解、提示、口令法

讲解、提示、口令法是指教师用简单、形象的语言来帮助幼儿理解、感受、掌握和表达舞蹈的内容、感情和动作的一种教学方法。它对于幼儿理解、强化动作的正确部分，纠正错误动作等方面起着十分重要的作用。如教师在讲解动作的规格、要领时要注意语言生动形象、精简扼要、通俗易懂，富有启发性；在动作的练习过程中，运用提示和口令法时则要注意语言及口令提示的层次和时机。讲解、提示、口令法能有效地帮助幼儿理解和内化所学知识的本质，更快地形成必要的舞蹈技能，它贯穿于幼儿舞蹈教学的始终。

三、幼儿舞蹈教学活动的练习法

练习法是指幼儿在教师的指导下，通过自己的实践活动，学会运用知识，掌握舞蹈技能技巧的一种教学方法。它是幼儿学习舞蹈、记忆舞蹈、巩固舞蹈的基本途径。在舞蹈教学中，教师对动作先进行讲解和示范，之后提出明确而恰当的练习目标和要求，幼儿就可以自己练习动作了。在练习过程中，教师要注意观察幼儿完成动作的质量，并适时加以引导。练习法可以是对个别的某一难点动作的反复练习，也可以是对

整个舞蹈从头至尾的排练，还可以是舞蹈练习动作组合的不断变换，以让幼儿了解舞蹈的复杂程度与难度。

四、幼儿舞蹈教学活动的分解组合法

分解组合法是指先教基本动作、难点动作，或者把舞蹈分解成若干段来练习，当每个基本动作或每一段落的舞蹈练习熟练后，再把它们串联组合成整体舞蹈。教师在教授新动作时不能一蹴而就，应循序渐进，逐步提高。有些舞蹈动作难度较大，仅仅依靠教师的示范，幼儿很难模仿出来。如果教师能仔细地分解舞蹈动作，让幼儿了解动作的详细步骤，幼儿学习起来就容易许多。一般来说，让幼儿掌握新动作的顺序是：先会做，再做好，最后达到精美。

五、幼儿舞蹈教学活动的个别教学法

个别教学法就是从幼儿的个体实际出发，针对其不同的特点，分类分层施教，以促进幼儿个体的充分发展。幼儿是教学的实质对象，由于幼儿个体客观上的差异，他们在学习方法、逻辑思维方式、知识储备水平、认知能力以及感知方式等方面都存在很多不同。教师只有了解、研究并掌握幼儿的特点，才能更好地开展教学活动。

在舞蹈教学中，教师应该对舞蹈能力不同的幼儿提出相应的目标和要求。如对于舞蹈能力较强的幼儿，教师可以对他们的动作美感、舞蹈表现力、自主创编等方面进行指导；而对于舞蹈能力较弱的幼儿，教师则可以从动作的规范性以及连贯性方面进行个别指导。这样可以缩小幼儿学习舞蹈的水平差距，同时也可增强幼儿学习舞蹈的信心和积极性。

六、幼儿舞蹈教学活动的游戏法

游戏法是指教师运用游戏的方式组织幼儿进行舞蹈学习的方法。游戏法教学改变了以往舞蹈教学中"言传身教"的学习方式，教师融合特定的教学内容于游戏之中，将"静态"教学变为"动态"教学。把游戏作为课堂内容吸纳于教学中，能使幼儿的学习状态从被动的接受变为主动的参与，让幼儿在轻松的课堂气氛中，激发对舞蹈学习的兴趣，体验获得知识的乐趣。游戏法是"寓教于乐"教学价值观的最大体现，是幼儿舞蹈教学当中重要的学习方法，也是幼儿最喜欢的方法。

七、幼儿舞蹈教学活动的启发法

启发法是指教师根据教学目的、内容、幼儿的知识水平和认知能力，采用多种教学手段，以启发诱导的方法传授给幼儿知识，培养他们积极主动的学习能力。在舞蹈教学中，如何使幼儿较快地理解、掌握教师教授的动作要领，并使动作比较规范地表现出来，很大一部分取决于启发式教学。教师可以运用准确、生动的语言或是优美、抒情的音乐来启发幼儿进行联想。值得注意的是，在启发的过程中，教师不仅要让幼儿回答出或表现出正确答案，还要通过环环相扣的提问，教授幼儿思考的方式，从而达到启发的目的。因为教师教学的目的并不只在于教给幼儿有限的知识，而在于通过教学让幼儿学会学习的方法和激发幼儿的求知欲望。

启发法引导幼儿参与到舞蹈教学活动中，不仅可以满足幼儿对事物的好奇、幻想、探究的需要，促进幼儿思维能力、想象能力和创造能力的发展，还有利于提高幼儿的舞蹈表现力。

八、幼儿舞蹈教学活动的观察模仿法

观察模仿法是指由教师或某个幼儿做示范，其他幼儿跟着边看边做动作。观察是有目的的感知活动，在舞蹈教学中，幼儿通过观察示范动作，可以认识和思考所学动作的方向、路线、幅度、力量和速度等。当然，教师需要帮助幼儿明确观察目的，及时指导幼儿观察动作的内容和部位，捕捉观察动作的瞬间改变。

模仿法是幼儿学习舞蹈动作的基本方法，是幼儿熟悉、理解动作过程和认识动作不可缺少的环节，它具有感官性强和容易被幼儿直观运用的特点。但是，幼儿也不能一味被动、机械地模仿，还要养成主动观察，善于思考的良好学习习惯。

话题小结

幼儿教育是对人的一切教育的开始，舞蹈在其中扮演着重要角色。在这里，我们不仅要知道什么是幼儿舞蹈，还要了解和掌握什么是幼儿舞蹈教育，什么是幼儿舞蹈教学活动。

幼儿舞蹈是舞蹈艺苑中一支鲜嫩的花朵，它的突出特点表现在具有直观性、模仿性、童趣性和童幻性。

幼儿舞蹈教育对幼儿的成长和发展发挥着不可忽视的作用，包括身体机能的发展、审美能力的提高、道德的培养、智力的发展和社会化的发展等方面。

幼儿舞蹈教学必须根据幼儿成长的需要，用符合幼儿身心特点的教育原则和教学方法进行舞蹈教学，以适应幼儿发展的需要。

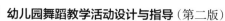 自我评量

一、名词解释

1.幼儿舞蹈　　2.幼儿舞蹈教学活动

二、简述题

1.幼儿舞蹈教学活动的指导思想是什么？

2.幼儿舞蹈教学活动有哪些特点？

3.幼儿舞蹈教学活动的方法有哪些？

三、论述题

1.幼儿舞蹈教学活动对幼儿的身心发展有什么意义？

2.幼儿舞蹈教学活动应遵循哪些教育原则？

|第二章|

幼儿舞蹈教学内容

 学习目标

1. 了解和掌握幼儿舞蹈律动、集体舞、歌表演、表演舞、音乐游戏、即兴舞、民族民间舞的定义、特点和分类。
2. 了解幼儿舞蹈各种教学形式的教育意义。

● 第一节　幼儿律动 ●

当音乐响起时，幼儿通常会随之做出简单的律动动作，这既是幼儿表现自我的方式，也是幼儿与伙伴之间沟通和交往的过程。可以说，幼儿的天性和本能决定了律动的适应性。

> **案例导引2-1**
>
> 幼儿律动《我学小动物走路》。这是一个模仿小动物走路姿态的律动。歌曲用说唱的形式形象地描绘了四种小动物的走路动作特征，分别是："小兔走路蹦蹦跳跳，小鸭走路摇摇摇，小乌龟走路慢吞吞，小花猫走路静悄悄。"具体形象的歌词，使幼儿很容易联想到生
>
> 活中这些小动物的可爱的形象与特点。而小兔的蹦跳步、小鸭的摇摆状舞姿、小乌龟的慢步行走和小花猫的轻步行走的姿态也易于幼儿肢体表现。通过这些动作不同的形态特征，加深了幼儿对动物走路特点的认识和了解。

一、什么是幼儿律动?

幼儿律动是指幼儿在音乐或节奏乐器的伴奏下，根据音乐的性质、节拍、速度产生一种与音乐节奏内容相适应的感情，这种感情自然而有规律地通过身体动作与姿态表达出来。简单地说，由音乐节奏激发感情，同时又把感情变为节奏性动作的表现就是律动。

幼儿律动是幼儿表达情感的一种最直接、最自然的方式，它能有效地训练幼儿动作的协调性和音乐节奏感，提高他们对自然事物的艺术表现能力。幼儿律动是幼儿舞蹈教学活动最基本的组成部分。

二、幼儿律动的特点

（一）强调表达音乐的基本元素

律动教学是从音乐入手，先让幼儿聆听音乐，引导幼儿通过身体运动去接触音乐的各个元素。这种教学的目的是培养幼儿对于节奏韵律的直觉本能和对音乐的情绪、表现的感觉，对运动平衡的感觉，以及培养有规律的运动神经系统、训练有节奏的心理。[1]

节奏是构成音乐的基本元素，也是最重要的元素，是音乐美感的来源。通过身体的动作和肌肉的反应来感知节奏，是律动活动的最终目的。幼儿的身体就是体验节奏的第一载体，他们可以通过身体动作的节奏感知音乐的基本要素，如速度的快慢、力度的强弱、音调的高低等。为了让幼儿更好地用身体来表现和感受音乐的节奏，幼儿律动的音乐一般是节奏清晰、结构工整、乐段反复出现的，教师要强调幼儿的律动动作遵循音乐的节奏性，以体验和感受音乐的情绪表现。

（二）强调动作的单一性和重复性

跟随音乐舞动肢体是幼儿一种天生的自然反应，意味着孩子对节奏、旋律的心神意会与融会贯通。幼儿舞蹈律动中的动作较为单一且反复出现，是由幼儿学习过程中注意的特点决定的。在教学过程中，幼儿对教学内容的学习是有选择性的，他最初注意到的只是刺激物的特点，而律动中主题动作的重复出现，实际上是在幼儿的学习过程中，提高刺激物对幼儿的刺激强度，使之明确地体会到这个单一身体动作所带来的感觉，强化动作记忆。

---

[1] 杨立梅，蔡觉民. 达尔克罗兹音乐教育理论与实践[M]. 上海：上海教育出版社，2011：9.

（三）强调动作的目的性

幼儿律动活动是以训练幼儿身体的协调性和音乐的节奏感为主要目的的舞蹈教学活动。因此，每一个律动活动都有着明确的目的性。如在选择律动活动的时候，是以培养幼儿对节奏的认知为主要目的，教师则可以通过不同旋律的音乐让幼儿进行相应节奏下动作的变换（慢走—快走—小跑步）；如以训练幼儿的模仿力为主要目的，就可以进行模仿类律动活动的教学（其中包括人物类、动物类、生活类、自然类等）。有目的的舞蹈律动教学活动可以让幼儿用自然、生动的肢体语言去感受和表现音乐。

三、幼儿律动的意义

（一）培养幼儿的音乐感受力

律动活动对幼儿音乐感受能力的发展至关重要。因为，身体的动作本身就是音乐的化身，身体的动作产生于音乐，反过来音乐也体现在身体的动作中。让幼儿采用动作的方式听音乐，可以让他们用身体动作的节奏表现生活中所感受到的、思考的事情。在幼儿用身体聆听、感受音乐的过程中，他们逐渐掌握了音乐的节拍、节奏、强弱，以及所表现的音乐形象和渲染的气氛。

律动活动可以极大地促进幼儿听觉系统的发展，让幼儿用律动活动领悟音乐的节奏元素，感受音乐的美妙，最终能提高音乐的欣赏能力，增强对音乐的感受力。

（二）培养幼儿的音乐表现力

音乐是诉诸情感的艺术，而律动是把对音乐的感受和身体的运动密切地结合起来，共同表达情绪情感。当幼儿仔细聆听音乐，并将音乐与身体的反应结合起来的时候，它就产生了表现音乐的巨大力量，与此同时，也强化了身体与音乐之间的联系。

律动中鼓励幼儿对音乐作出自然反应，并在此基础上诱导、启发他们主动地、积极地用身体动态感受和表现音乐，感知音乐的情绪，使之音乐表现能力得以发展。

（三）培养幼儿的音乐创造力

律动是一项需要丰富的想象力和创造力的活动，它成为幼儿在生理运动器官和思维之间一种自由转换和密切联系的媒介。由于幼儿已经具备一定的生活积累和记忆储存，而这种生活积累和记忆储存所引发的联想和想象又不尽相同，所以用身体表现出来的律动形象也是千姿百态、各具特色的。

在律动中，幼儿随着音乐意境产生的生动想象，容易唤起他们对相关事物的视觉印象、听觉印象以及由此产生的联想，这种联想与形象记忆发生相互作用，引起幼儿的积极思维活动，从而发展他们的想象力和创造力。

四、幼儿律动的分类

（一）节奏性律动

节奏性律动指随音乐做节奏练习的律动。它可以通过走、跑、跳、拍手、点（摇）头、拍腿、跺脚等单一动作进行训练。如手指游戏就是一个较为简单又深受幼儿喜欢的律动活动。在律动中，幼儿可以通过手指触碰自己的眼睛、眉毛、鼻子、耳朵、嘴等面部器官，这种单一的、有节奏的触碰练习，不仅可以帮助幼儿发展精细动作的能力，还可以帮助幼儿认识身体并建立身体意识。

（二）模仿性律动

模仿性律动指让幼儿随音乐模仿从日常生活实践中提炼出来的节奏感较强的动作。其中包括自然类、植物类、动物类、人物类和生活类等几方面内容。

由于幼儿的好奇心强，他们对自然界中的一些现象有着极大的兴趣，当出现下雨、刮风、星星亮闪闪这些自然景观时，往往充满了疑惑与不解。因此，自然类律动的教学可以让幼儿了解一些基本的自然现象，在掌握身体的表现技巧的同时，也渗透了科学教育。植物类的律动可以表现小树长大、种子发芽、鲜花开放等；动物类的律动可以表现小鸟飞、小鱼游、小马跑等；人物类的律动可以表现解放军、医生、厨师、机器人等；生活类的律动可以表现起床穿衣、洗脸刷牙、吹拉弹唱、打扫卫生等。通过清晰可见的动态形象模仿，可以极大地激发幼儿学习的兴趣，增强学习的趣味性。

（三）综合性律动

综合性律动指让幼儿随着音乐完成简单的舞蹈动作的律动。综合性律动已具舞蹈的表演因素，要求动作准确，身体各部分配合协调，具有舞蹈感、表现力等。如模仿动物类的律动《小孔雀》。在律动中，可以添加许多具有小孔雀形象特征的动作，如小孔雀喝水、梳理羽毛、照水影等，它既单一地体现了孔雀的动作形象，又综合地表现了舞蹈律动的美感，发展了幼儿的艺术表现能力。

 案例2-1

幼儿律动：《白云魔术师》教学活动方案

设计者：宋思潼 崔心怡

白云魔术师

《白云魔术师》
舞蹈视频

1=G 4/4

佚名 词曲

(乐谱)

白云是个 魔术师， 变来变去 真神奇。

变成小鸟 飞 了， 变成白羊

走 了， 变成大马 跑 了， 变成花儿

开 了。

年龄段

3—4岁。

【设计意图】

好奇心和想象力是每个孩子与生俱来的财富和宝藏，保护和激发幼儿的好奇心和想象力是教师组织教学活动的重要内容。《白云魔术师》的歌词将白云拟人化地比作一位能变成各种动物的魔术师，在激发幼儿对舞蹈产生兴趣的同时，促进了幼儿想象力的发展。另外，舞蹈中设计了有关动物形象特征的动作，不仅帮助幼儿了解动物的特点，还培养了幼儿对音乐的感知能力以及身体的协调表现能力。

一、活动目标

（1）知道小动物的基本形象特征，清楚音乐的旋律和节奏。

（2）能够用自己的身体语言表现出小动物的特征。

（3）愿意大胆想象和表现，体验律动舞蹈的快乐。

二、活动重点、难点

1. 活动重点

能够运用身体语言表现出小动物的特征。

2. 活动难点

在与音乐及同伴的配合中完成舞蹈律动。

三、活动准备

1. 经验准备

幼儿已经了解小动物的形象特征并且能用肢体表现。

2. 物质准备

视频资料（魔术师变魔术）；魔术棒一根；动物头饰若干。

四、活动过程

1. 导入

播放视频，询问小朋友们对于魔术师的想象并展开讨论，比如认为魔术师是怎样的形象，给你什么样的感觉，激发小朋友们对于舞蹈的期待与兴趣。

2. 展开

（1）引导小朋友们熟悉魔术师这个职业的神奇之处。

（2）播放第一遍音乐让孩子们感知音乐的节奏和变化，播放第二遍音乐时可以让幼儿跟随音乐和歌词内容自由舞动，教师在过程中观察幼儿的表现。

（3）开展舞蹈动作教学。

前奏：

【1-4】"魔术师"双手于上位转腕，自转一周。

【5-8】双手叉腰，同时蹦跳步落至大八字位。

【9-16】"魔术师"做飞翔状，与"魔术道具"站成一横排。

第一段音乐：

【1-8】左、右手分别交替置于前平位和上位。

【9-16】双手扩指，一臂弯曲至耳旁，双臂交替进行。

【17-32】同【1-16】动作。

第二段音乐：

【1-8】双手在身体两侧打开做小鸟飞翔状，同时小碎步。

【9-16】双手置于头上做羊角状，同时双脚蹦跳。

【17-24】右手做勒马状，左手叉腰，同时左、右脚交替踏步。

【25-32】双手置于下颌做"花"状，同时屈膝半蹲。

3. 结束

（1）教师手持"魔术棒"当"魔术师"，引导幼儿分角色表演律动。

（2）鼓励幼儿畅所欲言分享自己的学习感受或对某个动作的理解。

五、活动延伸

（1）带领幼儿召开"魔法大会"，鼓励幼儿自由选择不同形象进行模仿表演。

（2）组织科学活动，如"颜色变变变"，探究红、黄、蓝三种颜色相互组合后产生的颜色变化。

（3）开展集体教育活动，如"多彩的世界"，让幼儿了解眼睛为什么能看到丰富的颜色。

（4）在艺术区投放不同材料，让幼儿发挥想象说一说白云还能变成什么，鼓励幼儿用多种艺术形式大胆表现。

【提示】

（1）律动中出现了一些表现动物特征的动作，教师可以在日常教学中引导幼儿展开精细观察，抓住动物的基本形象特征。

（2）在教学中可以根据幼儿的兴趣点进行动作编排，以"感知舞蹈音乐，理解舞蹈内容，感受舞蹈动作，体验舞蹈情绪"为切入点，利用形象化、游戏化的教学方式，让孩子们轻松、愉快地学习舞蹈。

● 第二节　幼儿集体舞 ●

幼儿集体舞是幼儿集体参与的艺术活动。幼儿通过自己的身体动作与环境展开积极的交往和联系，不仅满足了幼儿对音乐的参与、探索的需要，又满足了他们情感表达和交流的需要，从而获得集体的归属感。以简单、重复动作为主的集体舞表演，可以培养幼儿感受美、表现美的情趣，丰富幼儿的审美经验，感受体验交往的愉悦情绪。

 案例导引 2-2

幼儿集体舞《火车开了》。这是一个邀请形式的集体舞。先由一名幼儿饰演火车司机（双手握拳于腰间划立圆——火车轱辘状），伴随着音乐中表现火车行进的"咔嚓咔嚓"声，开着小火车奔跑前进。当找到下一名幼儿时，
邀请其登上火车并担当司机后继续行进。学习这个集体舞，不仅加深了幼儿对火车的认识和了解，也会因不断置换的形象（火车司机），使幼儿产生新鲜感，引发学习兴趣。

一、什么是幼儿集体舞?

幼儿集体舞是幼儿园舞蹈教学的形式之一。它是指有许多幼儿共同参与的，在音乐的伴奏下进行队形变化、人际交流的一种集体性舞蹈。

作为一种集体参与的艺术活动，幼儿集体舞可以把幼儿的个体情感与集体情感很好地联系起来。它既强调幼儿个性气质的展现，又强调幼儿情感的表达交流，在简单、重复的动作表演中培养幼儿感受美、表演美的情趣。

二、幼儿集体舞的特点

（一）强调幼儿的集体行为

集体舞最大的特点在于它是一种集体行为的舞蹈艺术，需要依靠全体幼儿共同参与完成，它是真正意义上的使"每一个"幼儿都获得和享受舞蹈美感权利的教育活动形式。由于每个幼儿的个体能力、兴趣爱好及对音乐、舞蹈感受的不同，他们或许是有选择性地参与到其他形式的舞蹈学习或表演中，而在集体舞这个特殊的教育活动中，每个幼儿都可以有机会来表现、交流和分享舞蹈带给他们的快乐，其教育意义在某种程度上要胜于舞蹈动作本身。

（二）强调动作的简单性和重复性

集体舞的特点之一是队形的反复变化，在队形变化的基础上，对音乐、动作的要求降到最低。在设计集体舞的时候要注意音乐、动作的结构是简单的、多重复的，其变化的频率不要太快。有经验的教师甚至把基本动作设计得极为简单，只要孩子能在其中快乐地进行队形变化、交换舞伴就可以了。

如果舞蹈设计的动作难度大、结构复杂，就会给幼儿带来认知上的压力。一般来说，一个集体舞中只选择一两个基本动作，每个动作至少重复进行一个八拍以上。这是因为在集体舞中，幼儿需要记住的不仅仅是动作，还要记住队形、交换舞伴等。简单重复的舞蹈动作、单一的舞蹈结构可以让孩子们在不顾及动作难度的情况下快乐地进行队形变换，体验到成功的快乐。

（三）强调有规律的变换队形

整齐而有秩序的舞蹈队形是集体舞的一个基本要素，它需要参与的幼儿共同遵守舞蹈规则。队形不断地流动，舞伴不断地交换，是集体舞最有魅力，也是最有趣的地方。不同幼儿之间的交流和配合，既满足了幼儿的新鲜感和好奇心，也增进了幼儿之间的情感交流。

在表演的过程中，原本两两结伴、运用动作和眼神进行情感交流的幼儿，转眼间变换了新的交流对象，这种流动性的交往为幼儿营造了一种游戏化的情境，让幼儿感觉到"真好玩"。交换舞伴可以有效地促进幼儿间的互动，让他们真正体验集体舞蹈的愉悦。

三、幼儿集体舞的意义

（一）促进幼儿合作交往能力的发展

幼儿期处在各方面能力发展的关键期，也正是合作意识和合作能力产生和形成的关键期，因此，在这一阶段培养幼儿的合作能力至关重要。由于是集体舞，每个幼儿除按照规定要求完成动作外，还要和大家进行合作配合。因此，需要他们拥有一定的与别人进行交流、沟通、协作配合的能力，才能最终实现集体统一完成舞蹈的目标。

在集体舞中，幼儿人人有任务，每个幼儿都是团体中的重要角色，他们在"坚守"自己岗位的同时，逐渐摆脱了以自我为中心的个性特征，分享着同伴合作的喜悦之情。对于幼儿来说，集体舞教学不仅可以初步培养他们的集体意识，也可促进他们人际交往能力的发展。

需要特别指出的是，由于遗传因素、社会以及家庭环境的不同，每个幼儿都有其不同的性格，有的孩子活泼大方，他们参与集体舞的积极性就高；有的孩子胆小懦弱，他们就有可能不太愿意参与集体的活动。因此需要教师以平等的关系引导幼儿，使每一个幼儿都有充分表现自己的机会，让他们在同他人的交往中体会到成功的喜悦与快乐。

（二）发展幼儿的时间和空间知觉感知力

集体舞是一种方向性极强的舞蹈，特别要求在统一的动作中完成方向的变化。如果有个别幼儿动作方向发生错误，就会与其他伙伴发生"错位"，进而影响到整个队伍的协调一致，因此要求幼儿有一定的空间感知力和时间感知力。具体来说，一方面，幼儿在按照要求做好自己的舞蹈动作外，还要顾及四周同伴的队列站位、动作变化等是否符合要求，需要随时根据别人的位置变化对自己的动作位置等进行调整（如合理地避让空间，使做动作时不致影响到自己和他人），以达到集体统一的效果，这对于幼儿空间概念的发展有很好的促进作用；另一方面，幼儿还要明确在某个具体时间上对于空间位置的把握（如哪个乐句进行队形和位置的调换），通过把握在某一时间点上有规律的动作变换，可以极大地促进和发展幼儿的音乐感知力。

（三）建立并培养幼儿的规则意识

幼儿期是儿童规则意识萌发和规则行为初步形成的重要时期。集体舞应该是幼儿接触的最早、也最简单的需要遵守规则的活动。在集体舞活动中，幼儿不仅可以感受到自我和他人的存在，还可以感受到除自我以外他人利益的存在。如果在集体舞活动中遵守规则，那么就会在同伴交往中更容易得到认可，形成和谐的互动关系，进而对个体的自我评价带来积极影响。因此，教师需要积极引导幼儿提升自己的规则意识，养成一定的规则行为，让幼儿体验到遵守规则会让舞蹈变得更美、更好。在快乐的舞蹈中进行规则意识的培养，会达到"润物细无声"的教育效果。

四、幼儿集体舞的基本表现形式

（一）圆圈式（单圈式、双圈式）

圆圈式是幼儿集体舞中涉及最多的一种舞蹈表演队形，它便于幼儿之间的交流，能产生团结友爱的气氛。

（1）单圈——面向圈里或面向圈外。

（2）单圈——顺时针或逆时针间隔行进，镶嵌成一个圆（S形）。

（3）双圈——里圈不动，外圈顺时针移动一个人的位置（或相反）。

（4）双圈——里外圈的伙伴（握手）转动半周，里圈变外圈，外圈变里圈（交换位置）。

（二）行列式

幼儿可以通过行列的整合，做方向或位置上的变换。

（1）行列解散、重新组合（横排、竖排）。

（2）放射状队形（从密集的队形向外发散）。

（三）链状式

链状式是一种追随领舞的舞蹈队形。它可以很好地训练幼儿控制队形的能力。

（1）断裂、重组的链状（如八人的竖排队形变成两排四人的竖排队形）。

（2）螺旋状队形（由个别幼儿带头走S状路线，其他幼儿跟随其后）。

（四）邀请式

邀请式可以在圆圈式或行列式的队形上进行。由部分幼儿做邀请者，邀请舞伴共舞。

（1）音乐结束时，两人交换位置，被邀请者成为邀请者继续进行。

（2）舞蹈者成为邀请者邀请舞伴，使舞蹈者越跳越多，直到把幼儿全部邀请完。

 案例2-2

幼儿集体舞：《兔子跳跳跳》教学活动方案

设计者：王诗雨 崔心怡

《兔子跳跳跳》
舞蹈视频

兔子跳跳跳

佚 名 词曲

$1 = {}^\flat D$ $\frac{2}{4}$

```
i 3i 5 3 │ i 3i 5 3 │ i 3i 5 3 │ 0567 0565 │ 5 55 3 │ 5 65 3 │

5 65 3 2 │ 2    2321 │ i 2i 7 17 │ 6765 6543 │ 2   - │ 5   - │

‖: 3.1 2 3 │ 5 5 3 │ 2.2 2 3 │ 2 3 2 7 5 │ 3.1 2 3 │ 5 5 3 11
   一只兔子    跳跳 跳    请问萝卜    要到哪里找，   两只兔子    跳跳 跳只会
```

```
2 4  3 2 | 1 X  X | 3.1 2 3 | 5 5  3 | 2.2 2 3 | 2 3 2 7 5 |
傻笑 学猫   叫喵 喵，  三 只兔子   跳跳 跳   东 张西望   排队排不好，
```

```
3.1 2 3 | 5 5  3 11 | 2 4  3 2 | 1 X  X | 3  3 | 2 2  1 |
四 只兔子   跳跳 跳萝卜   跑掉 吃不   到哇 哇。  一 二   跳跳 跳
```

```
4  4 | 3 3  2 | 5  5 | 4 4  3 11 | 2 4  3 2 | 1 1  1 |
三 四   跳跳 跳   前 后   跳跳 跳还有   左边 右边   跳跳 跳。
```

```
1.
3  4 3 | 1 2 3 4 5 4 3 | 4  5 4 | 2 3 4 5 6 5 4 | 5  6 7 7 | #1 2  7 |
```

```
1 5  6 7 | 1 5  1 : ‖ 1 3 5 3  3 3 5 3 | 1 3 4 5  6 5 4 3 |
2.
```

```
1 3 5 3 3 3 1 7 | 0 5 6 7 1 7 1 2 : ‖ 3  3 | 2 2  1 | 4  4 | 3 3  2 |
一 二   跳跳 跳   三 四   跳跳 跳
```

```
5  5 | 4 4  3 11 | 2 4  3 2 | 1 1  1 : ‖ 6  7 | 1  0 ‖
前 后   跳跳 跳还有   左边 右边   跳跳 跳。
```

年龄段

5-6 岁。

【设计意图】

兔子作为生活中常见的小动物很受小朋友的喜爱，歌曲《兔子跳跳跳》节奏活泼欢快，生动形象的歌词有利于激发幼儿的舞蹈学习兴趣。在集体舞中，丰富的队形变换需要幼儿相互之间的交流与合作，幼儿通过学习并表演舞蹈《兔子跳跳跳》，既提高了空间感知能力，也锻炼了交往能力，培养了对集体的荣誉感。

一、活动目标

（1）了解模仿对象，清楚基本动作要求和空间方位。

（2）能够掌握舞蹈动作和队形变化。

（3）感受舞蹈欢快的情绪，体验集体舞不断变换新朋友带来的快乐。

二、活动重点、难点

1. 活动重点

正确做出舞蹈动作，清楚空间方位及队形的变化。

2. 活动难点

在进行队形变化时注意同伴间的交流与配合。

三、活动准备

1. 经验准备

幼儿有过学习集体舞的经历。

2. 物质准备

电影《疯狂动物城》中兔子警察的视频片段；兔子头饰若干。

四、活动过程

1. 导入

给幼儿观看有关小兔子的动画片片段；放一遍音乐让幼儿自由模仿小兔子的动作，为开展集体舞教学活动做准备。

2. 展开

（1）教师先将简单的"小兔子跳"的动作教授给幼儿。在所有幼儿都明确这个主题动作之后，开始进行队形的教学和练习。

（2）舞蹈动作及队形教学。准备：幼儿分两横排站于场外。整个舞蹈过程中手做兔子耳朵形状摆于头上。

前奏：

【1—16】两横排分别从前场和后场出场，两拍一跳。

【17—24】跑跳步，两横排首位连接成圆形。

【25—32】两拍一跳，前后共跳四次。

【33—40】两拍一跳，向圈里圈外各跳两次。

【41—48】跑跳步下场。

第一段音乐：

【1—16】每横排靠近台口一侧的幼儿先上场，根据歌词做"疑问""找萝卜"的动作。

【17-32】前两名幼儿依旧向左或右跳，同时每横排的第二名幼儿跟上，所有幼儿同时做"学猫叫"的动作。

【33-48】第三名幼儿与场上幼儿做相同的动作。

【49-64】幼儿在"跳"的动作中完成队形变换。

第二段音乐：

动作同第一段音乐【1-64】，变换队形。

3. 结束

（1）幼儿戴上"兔子"头饰表演集体舞。

（2）组织幼儿说一说自己参与集体舞表演的感受和想法。

五、活动延伸

（1）开展以"小兔子乖乖"为主题的班级活动，如组织体育活动"跳房子"，通过游戏的方式锻炼幼儿的跳跃能力。

（2）讲述绘本，如《我是小兔子》，帮助幼儿了解小兔子的生活习性。

（3）组织合作游戏，如"拔萝卜"，在游戏中锻炼幼儿相互配合的能力。

（4）在幼儿园或班内动物角养一只小兔子，观察兔子喜欢吃什么并作相应记录。

（5）开展以"我眼中的小兔子"为主题的集体教育活动，教师准备相应材料，鼓励幼儿用多种形式，如拓印、拼贴等，大胆创作兔子形象。

【提示】

整个活动中，在与同伴相互配合的过程中正确跳出不同的方位并完成舞蹈队形的变换是教学的重点和难点。幼儿集体舞的表演人数和队形变换较多，教师在教学过程中应尽量关注到每一名幼儿，根据幼儿的掌握情况灵活调整教学进度，确保舞蹈的整体效果。

● 第三节　幼儿歌表演 ●

歌表演是幼儿歌唱表演和舞蹈表演的综合体。作为一种载歌载舞的舞蹈形式，歌表演可以让幼儿在亲身参与体验与表达中认识音乐与情感的重要性。幼儿一边唱着歌曲或童谣，一边通过自身的动作和表情来表达其音乐形象和内容，这种用心、用情的表演，使幼儿的情感得以熏陶与丰富。

 案例导引2-3

　　幼儿歌表演《小兔乖乖》。这是一个家喻户晓的童话故事。歌曲旋律舒展、流畅，歌词形象、生动。"小兔子乖乖，把门开开，快点开开，我要进来。——不开不开我不开，妈妈没回来，谁来也不开。"几句简单的歌词，已经把小兔子们与大灰狼进行机智、勇敢的斗争并最终战胜大灰狼的场景展现在眼前。这个歌表演不仅满足了孩子们求善求美、弱小战胜强大、正义战胜邪恶的愿望，也教育幼儿遇事要多动脑筋、想办法，使他们初步萌发自我保护意识。

一、什么是幼儿歌表演？

　　幼儿歌表演是指在幼儿歌曲的演唱过程中配以简单、形象的动作姿态和表情，以加强表达歌曲的内容和音乐形象。歌表演能把幼儿的听觉、视觉、动觉等器官充分调动起来，把无形的声音和有形的体态紧密结合起来，更好地表达对歌曲的感受。歌表演是幼儿园最常见的舞蹈形式之一，它也是一种初级的舞蹈表现形式。

二、幼儿歌表演的特点

（一）强调表演以歌为主，动作为辅

　　要想完成质量好的歌表演，首先要让幼儿做到"歌舞并茂"。歌，指的是演唱歌曲；舞，指的是用肢体去表现歌曲内容。那么，在歌表演中，歌与舞到底孰重孰轻呢？其实，无论在字面表达上还是在实际教学之中，我们都要说明的是：歌表演需以歌为主，动作为辅。在歌表演中，首先强调的就是"歌"字，因此在歌表演中要更为突出地显示对于歌唱教学的目的与要求；而舞蹈作为实现歌唱教学活动的辅助教学手段，是用来具体地展现歌曲要描述的事物或要表达出的情感内容的。但是，需要注意的是，歌表演是在欣赏一个整体，一种情绪，而不是检验它们二者水平的高低。

（二）强调音乐和动作形象的鲜明性、生动性

　　幼儿用肢体动作塑造什么样的形象，怎样使塑造的形象生动、鲜明，是幼儿歌表

演的核心问题。歌表演是一项需要丰富想象力和独创性的活动，如果歌曲中的音乐形象突出，不仅便于幼儿用肢体展现歌曲中的内容，还可以帮助他们理解音乐作品的意义。

由于幼儿的生活积累、记忆储存、抽象思维能力等方面都不够丰富和完善，所以教师在选择歌曲时，一定注意要有具体鲜明的音乐形象，并符合幼儿的认知水平；另外，形体动作也要简单形象，如果动作过于复杂，往往会造成幼儿的表演负担，同时也会给幼儿的演唱带来障碍。只有鲜明的音乐和动作形象，才容易被幼儿接受，也只有理解和接受了歌曲的形象，才能激发幼儿的表演欲，才能用生动的肢体动作来表现歌曲的内容。

（三）强调动作围绕歌曲的主题发展变化

歌表演的动作要"随歌而舞"，它所传递出来的是歌曲的内容和信息。这些带有具体指向意义的舞蹈动作，需要在特定的歌词内容中才能识别其确切的意义。因此，当歌曲的主题或是歌词内容发生变化时，需要物质材料本身——幼儿的动作也要发生相应的改变。

总之，在幼儿歌表演中需要强调的是：歌曲中要有鲜明动作形象的内容，动作中要有鲜明的歌曲内容。

三、幼儿歌表演的教育意义

（一）发展幼儿的音乐基本能力

载歌载舞是幼儿对音乐情感最直接的表达方式，它对幼儿音乐基本能力的发展起着极其重要的作用。音乐的基本能力包括：感受力、记忆力、审美力、节奏感、表达力、欣赏力以及唱歌能力等方面。

身体动作是感受音乐的生理基础，因而从某一方面来说，幼儿音乐基本能力的发展水平与他们动作能力的发展水平息息相关。在歌表演中，教师可以充分利用歌曲的独特魅力，激发幼儿用肢体表现的欲望，在幼儿用身体的动觉感知力与音乐的具体形象对话时，体验了音乐的情绪，表达了音乐的情感。

（二）加深幼儿对音乐作品的理解

歌曲作为一个特殊的审美对象，它是抽象化的，既看不见，也摸不着，幼儿对于音乐作品的理解只能停留在个人生活体验和知识积累的基础上。歌表演可以使幼儿用具体形象的肢体动作与歌曲相融合，以帮助幼儿体验歌曲内容，加深对歌曲内容的理解。

要让幼儿进行情感表现，首先要帮助幼儿理解歌曲内容。由于知识和体验的相对匮乏和思维的直观性特点，幼儿对音乐作品所表现的内容、含义，理解起来有一定的困难，因此，在歌唱中进行舞蹈表演，既满足幼儿思维形象化的要求，也降低了他们对教学活动所产生的不确定性的焦虑感和紧张感，为他们的学习带来更大的欢乐。

（三）激发幼儿的情绪情感表现

幼儿情绪情感的发展与认知的发展密切联系，它们之间的相互作用表现在幼儿的情绪情感随着认知发生变化，而情绪情感又对幼儿认知能力的发展有唤起、促进或抑制的作用。

歌表演中的歌曲是通过歌词内容和乐曲旋律来传情达意的，要想让幼儿感受到歌曲的美感和所蕴含的情感内涵，就可以通过歌表演这种形式，让幼儿把歌曲内在的情绪转化为外在的形象进行表现。当幼儿将富有感情的歌唱表演配合着形象生动的肢体动作一同展现时，他们的情绪情感表现会更加深刻、生动。

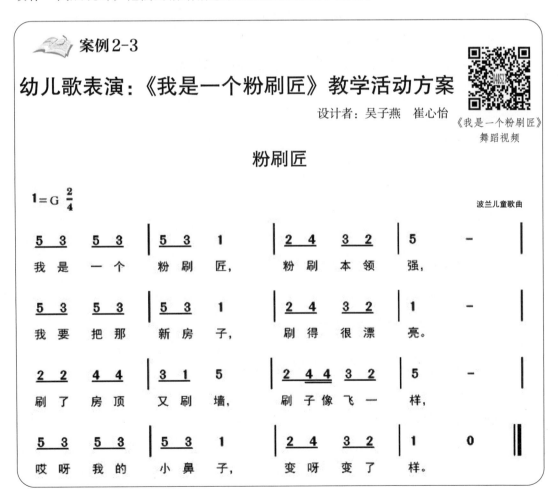

案例2-3

幼儿歌表演：《我是一个粉刷匠》教学活动方案

设计者：吴子燕　崔心怡

《我是一个粉刷匠》
舞蹈视频

粉刷匠

1=G 2/4

波兰儿童歌曲

年龄段

4—5岁。

【设计意图】

"我是一个粉刷匠，粉刷本领强……刷了房顶又刷墙，刷子像飞一样……"儿歌《我是一个粉刷匠》脍炙人口，具有童真童趣性。舞蹈《我是一个粉刷匠》中运用的"刷墙"动作元素让孩子在舞蹈中进一步了解和体验了"粉刷匠"这一职业，欢快的歌曲演唱结合舞蹈表演，不仅让孩子们被劳动的快乐所感染，也潜移默化地培养了他们热爱劳动、热爱生活的优良品质。

一、活动目标

（1）了解"粉刷匠"这一职业，理解歌曲内容。

（2）在歌唱的基础上完成舞蹈表演。

（3）积极感受劳动的快乐，懂得珍惜他人的劳动成果。

二、活动重点、难点

1. 活动重点

学会动作，并且做到动作及节拍准确。

2. 活动难点

配合歌唱进行舞蹈表演。

三、活动准备

1. 经验准备

幼儿已经学唱过歌曲《粉刷匠》。

2. 物质准备

彩色卡纸做成的纸帽子（活动前由教师和幼儿共同完成）。

四、活动过程

1. 导入

教师简单提问孩子对于"粉刷匠"这个职业的了解，再向孩子们介绍"粉刷匠"这个职业，调动孩子们学习《我是一个粉刷匠》舞蹈的积极性。

2.展开

(1) 首先，让幼儿复习歌曲；其次，让孩子根据歌词想象动作，并进行简单的律动；最后，教师示范教授舞蹈动作，引导幼儿对所要学习的动作进行模仿与表现。

(2) 开展舞蹈动作教学。

第一段音乐：

【1-8】高抬腿踏步，一拍一动。同时右、左臂交替置于胸前，再交替置于前平位，两拍一动。

【9-12】两人一组，依次伸展外侧手臂，模拟房子状。

【13-16】两人一组，后踢步变至前后两排（前排蹲，后排站立）。

【17-24】双臂由前平位打开至旁平位，再经上弧线摆臂至肩前打开。

【25-32】双手依次指向鼻子，打开至旁按手位摆头。

第二段音乐：

【1-8】动作同第一段音乐【1-8】。

【9-12】双手置于头上做房子状，同时做旁踵步，两拍一动。

【13-16】后踢步自转一周，同时做分晃手。

【17-24】一组手臂至斜上位，另一组手臂至旁按手位，两组依次进行，两拍一动。

【25-32】动作同第一段音乐【25-32】，两人面对面。

第三段音乐：

动作同第二段音乐【1-32】。

3.结束

(1) 小朋友们戴上制作好的"粉刷匠"帽子，分组进行展示，让小朋友们自己评选出表现最好的"粉刷匠"。

(2) 开展一场有关"劳动"的讨论，引导孩子树立劳动光荣，尊重所有劳动者的意识。

五、活动延伸

(1) 以"劳动最光荣"为主题开展相关活动，如组织语言活动"热爱劳动的好孩子"，萌发幼儿的劳动意识。

(2) 在美工区准备相应材料，如房屋形的填色卡纸，废旧快递盒制作的"室内粉刷"沙盘等，鼓励幼儿发挥想象大胆创造。

（3）以"劳动者"为主题的分享讨论，让孩子们理解父母的职业，并了解其他更多的职业，进一步明白劳动的不易，学会尊重所有劳动者。

（4）组织体育活动，如"我是劳动小能手"，通过游戏发展幼儿走、跑、跳等多种能力。

【提示】

歌表演的学习不能仅仅浮于学习歌曲、舞蹈动作的表象之上，教师应引导孩子关注《我是一个粉刷匠》背后所表达出的对劳动和生活的热爱之情，培养孩子热爱劳动、热爱生活的品质，让孩子树立起尊重所有劳动者、尊重所有劳动成果的正确价值观。

● 第四节　幼儿表演舞 ●

表演舞是幼儿园舞蹈教学中一种特有的学习方式，也是幼儿的一种实践活动。在表演舞的过程中，一方面培养和提高了幼儿表演者的表演能力；另一方面，也能让幼儿欣赏者身临其境，更好地理解舞蹈作品的思想内容，使其审美能力得到锻炼和提高。

 案例导引2-4

幼儿表演舞《三个和尚》。小朋友们一定会对动画片《三个和尚》印象深刻，"一个和尚担水喝，两个和尚抬水喝，三个和尚为什么会没水喝？"通过旋律优美的音乐、诙谐幽默的歌词，配合相应的肢体动作，生动地刻画了一个和尚担水喝的轻松、两个和尚抬水喝的无奈和三个和尚没水喝的懒惰场景。这个寓言类题材的表演舞，教育幼儿要有互帮互助、团结协作的精神，也启发幼儿懂得劳动换来美好生活的道理。

一、什么是幼儿表演舞？

幼儿表演舞是由部分幼儿表演的、供广大幼儿欣赏的提高性幼儿舞蹈。它是通过寻求和抓住幼儿的思想感情最集中、最凝练、最动人、最优美之处进行加工、创造，从而提炼出来的舞蹈形象。表演舞在精美的舞蹈艺术构思中把深厚的感情、生动的形象、丰富的想象统一和融合起来，促使塑造的形象舞蹈化以唤起幼儿的心灵美感。表演舞是一种高级的幼儿舞蹈艺术形式。

二、幼儿表演舞的特点

（一）强调题材表现的宽泛性

题材是构成艺术作品的原材料，幼儿表演舞的题材通常是指那些经过集中、取舍、提炼而进入作品的生活事件或生活现象。它一般由人物、环境、情节这三个要素组成。

幼儿表演舞创作的题材选择较为宽泛，可以是表现幼儿生活情趣的、刻画幼儿典型瞬间动态的、描绘人与自然和谐相处的，还可以是弘扬时代精神以及传统文化的等。表演舞的题材虽然宽泛，但一定不能忽视幼儿的生活与情感，因为这才是幼儿最有切身体会、最容易产生情感共鸣的基础。

（二）强调舞台的艺术氛围

表演舞需要表演者掌握好舞台造型和表演能力，并结合音乐、舞美、服装、灯光和队形的变化等艺术氛围，将舞蹈丰富多彩的构思内容形象生动地表现出来，让幼儿领略表演的意蕴。

表演舞是供幼儿表演及欣赏的，其审美要符合幼儿的心理发展特征。心理学家研究表明，人的视觉注视某一对象时，若对象两分钟左右无变化，便会产生视觉疲劳与视觉烦躁，这个特点对于幼儿来说尤为突出。因此，需要对表演舞的舞蹈队形、构图等方面做出及时的变化和调整，这样，不仅可以使舞蹈的形象更加活跃、更具表现力，也可以让幼儿一直保持视觉的兴奋状态。另外，表演舞需要较强的观赏性，服装、道具、灯光等的合理运用，一方面能很好地表达舞蹈作品的内容，另一方面，也能给幼儿带来感官上的刺激，引起他们的欣赏兴趣。

（三）强调突出舞蹈的表演性

舞蹈艺术的本体特点决定了其与表演之间密不可分的关系。表演舞包括舞蹈的"表"和"演"两层意思。"表"即情感情绪之表达，"演"则是用肢体动作展现其人其事。表演者在舞台上表现出来的"喜、怒、哀、乐"之情，会使幼儿在欣赏中体会和感受细腻的情感、深刻的思想、鲜明的性格，以及人与自然、人与社会、人与人之间的联系等。当这些因素使幼儿产生共鸣，使他们的想象力最为活跃的时候，则表现出了与"情"共舞。正是基于表演舞的这些特点和要求，才构成了表演舞"表演性"的基础，而且也正是这种"表演性"构成了表演舞区别于其他舞蹈形式的根本特征。可以说，"表演性"之于表演舞来说，是不可或缺的特性。

三、幼儿表演舞的教育意义

（一）让幼儿体验成功的快乐

成功是什么？成功是"自己满意，别人认同"。放在表演舞中，就是参与表演的幼儿对自己的表现满意，欣赏者也对表演者的行为持赞许的态度。

幼儿舞蹈的表现能力是在大胆表现的过程中逐渐发展起来的，幼儿学习和表演舞蹈的过程是他们自主地表达自己的情感和表现自己的快乐的重要方式。幼儿要克服害羞、胆怯的心理在众人面前进行舞蹈表演，这种表现是需要勇气和自信心的，也是非常值得肯定和赞扬的。在舞蹈活动中，幼儿从依赖性的学习到独立、自主、快乐的表演，是一个逐渐提高并完善自我的过程。当他们站在舞台上，享受鲜花和掌声的时候，也会让幼儿体验到成功的快乐，为他们带来极大的心理满足感。

（二）发展幼儿的表演才能

舞台在幼儿的眼中既是新鲜的，又是陌生的，而在以表演和欣赏为目的的这个特定的情境中，幼儿能准确地运用肢体动作、表情等去表现舞蹈作品的形象和情绪，必定能很好地发展和促进他们的表演能力。

在表演舞中，幼儿感兴趣和关注的问题不仅仅是角色的塑造及故事情节的表现和发展，还会关注自身的表演是否成功，并期望自身的表演得到认可。在这种兴趣和关注下，他们愿意投入更多的精力使舞蹈"表演得更好"。当然，要想达到这个目的，幼儿就不仅要保证自己舞蹈动作的技术性，还要保证舞蹈动作的情感性。让幼儿学习运用动作、表情、情绪情感等综合能力和手段，整体性地去表现角色的形象，对发展幼儿的表演才能有重要的作用。

（三）培养幼儿积极的情感

表演舞不仅是幼儿自我表达情感和与人交流的一种重要的活动形式，也是培养幼儿积极的情感和获得审美体验的重要途径。在表演舞中，幼儿或是通过自身的参与、大胆的表现，加强对舞蹈作品的理解和感受；或是作为欣赏者，借助于视觉、听觉等多种感觉通道的统合活动，用具体、生动的形象来体会所表演对象的思想内容，了解舞蹈作品的主题思想、人物之间的关系。无论是哪种形式的参与，都会让幼儿产生一种愉快的情绪体验，有利于培养幼儿美好的心灵和积极的情感。

四、幼儿表演舞的分类

（一）情节舞

一般指叙事性的幼儿舞蹈体裁，其主要艺术特征是通过故事情节或事件的发展过程来塑造舞蹈的人物形象、表现作品的主题内容。

在幼儿表演舞中，情节类的舞蹈一般都依据一定的文学蓝本，如童话、寓言故事等创作，这样可以使幼儿更容易理解舞蹈所述之事。在情节舞蹈中，要求舞蹈动作具有鲜明的性格特征，并且不游离叙事的需要，其丰富的内涵更易引起幼儿的反响。

（二）情绪舞

情绪舞又称抒情性舞蹈，是以抒发幼儿的情感为主要任务。它没有复杂的故事情节，也没有特定的人物关系，其主要艺术特征是在特定的音乐环境中，用典型的舞蹈语汇、丰富的画面构图和流畅的舞台调度等相关因素抒发幼儿的思想感情、展现舞蹈的主题。如以表现某种特定情感为基础的情绪舞，可以表达和体现幼儿的悲伤之情、快乐之情、喜悦之情、优美恬静之情等。

一般地说，幼儿表演舞中的情绪舞在表现手法上注重写意，舞段比较完整和流畅，群舞动作强调整齐划一；另外，它只适合表现单一的情绪，过多的情感变化无法在舞蹈中充分表现。

案例 2-4

《棒棒糖》
舞蹈视频

幼儿表演舞：《棒棒糖》教学活动方案

设计者：吴子燕　崔心怡

棒棒糖

1=♭E　4/4

高娜　词曲

5 55 5 1. | 7 1 2 2 1 2 | 5 55 5 1. | 7 2 1 - | 4 5 2 2 0.5
　　　　　　　　　　　　　　　　　　　　　　　　　　　　　　　　我

1 12 3 35 | 4 3 2 0.5 | 7 71 2 44 | 3 2 1 0.5
得 到了 甜 甜的 棒 棒 糖， 我 最 爱的 最 爱的 棒 棒 糖， 红

1 1.23 35 | 4 33 2 0 | 7 5 7 72 | 2 1 1 0.5
的 糖 黄的 糖呀 蓝 色的 糖， 欢 欢 喜 喜 吃 棒 棒 糖。 我

‖: 1 12 3 5 | 4 3 2 0.5 | 7 71 2 44 | 3 1 3 0.5
有 一个 伟 大 的 梦 想， 每 天 都有 好 吃的 棒 棒 糖， 小
　　　　　　　　　　　　　　　　　　　　　　　　香 香的

1 12 3 35 | 4 3 2 0 | 7 55 7 72 | 2 1 1 1 -
朋 友们 一 起来 鼓 鼓 掌， 可 爱的 小 孩 才有 棒 棒 糖。

55 55 5 11 | 7 1 1 2 - | 55 55 5 1 | 7 2 1 1 -
1 2 3 4 我 们来 分分 糖， 五颜 六色 摆 摆 成一 行，

23 4 43 3 | 21 1 1 - | 23 4 43 3 | 55 2 2 -
画个 圆 圈 来 尝一 尝， 啦啦 啦 啦 来分 享。

※
55 55 5 11 | 1 2 3 2 2 - | 55 55 5 7 | 7 2 1 1 -
1 2 3 4 我 们来 分分 糖， 五颜 六色 摆 摆 成一 行，

$\boxed{\begin{array}{l}
\underline{23}\ \overset{\frown}{\underline{4}\ \underline{43}}\ \underline{3}\ |\ \overset{\frown}{\underline{21}}\ \underline{1}\ 1\ -\ |\ \underline{23}\ \overset{\frown}{\underline{34}}\ 3\ |\ 5\ \overset{\frown}{\underline{7}\ 1}\ 1\ - \\
\text{画个 圆圈 来 唱一 唱,} \qquad \text{美妙 的 歌声 洒满 房。}
\end{array}}$

$\underline{3.32}\underline{3.33}\underline{3.2}3\ |\ \underline{6.53}\underline{55}\ \ \underline{3.5}\ |\ \underline{\dot1.17}\underline{.\dot11}\underline{.56}\underline{\dot1}\ |\ \underline{72}\ \ \underline{3\ 1}\underline{.22}3\ |$

$\underline{\dot1.63}\underline{\dot1.\dot11}\underline{.\dot16}\underline{.\dot1}\ |\ \underline{2.32}\underline{.5\dot1}\underline{.\dot11}\underline{.5}\ |\ \dot1\ \ 6\ -\ \underline{6.\dot1}\ |\ \underline{2.55}\underline{7}\ 7\ \ -\ |$

$0\ 0\ 0\ \underline{0.5}\ :|\!|\ \underline{23}\ \overset{\frown}{\underline{4}\ \underline{43}}\ 3\ |\ \underline{55}\ \overset{\frown}{\underline{22}}\ -\ \|\ \underline{23}\ \overset{\frown}{\underline{34}}\ 3\ |\ 5\ \overset{\frown}{\underline{7}\ 1}\ 1\ -\ \|$

我 啦啦 啦 啦 来分享。 D.S. 美妙 的 歌声 洒满 房。

【年龄段】

5-6岁。

【设计意图】

纯真的童年少不了小朋友们最喜爱的甜蜜糖果,而比糖果更甜蜜的是小朋友们相互分享的喜悦。舞蹈《棒棒糖》通过运用小朋友们喜爱的、色彩丰富的"棒棒糖"道具激发孩子学习的兴趣,锻炼了幼儿的身体协调能力及表演能力。舞蹈中设置了"小朋友们相互分享糖果"的动作,希望小朋友们通过对舞蹈《棒棒糖》的演绎感受与他人分享的快乐,促进小朋友亲社会行为的发展。

一、活动目标

(1)了解舞蹈的主题,知道音乐的旋律和节奏,正确运用"棒棒糖"道具。

(2)掌握舞蹈动作,具备一定的身体协调能力。

(3)愿意通过舞蹈表现对棒棒糖的喜爱之情,并从中体会分享的快乐。

二、活动重点、难点

1. 活动重点

掌握舞蹈动作,正确运用"棒棒糖"道具。

2. 活动难点

掌握舞蹈队形的变换及同伴间道具的交换使用。

三、活动准备

1. 经验准备

幼儿具备一定的舞蹈表演能力。

2. 物质准备

"棒棒糖"道具。

四、活动过程

1. 导入

询问孩子们喜欢吃什么样的棒棒糖，展开一场关于棒棒糖的讨论，吸引孩子对舞蹈《棒棒糖》的兴趣。

2. 展开

（1）让孩子自主选择红、黄、蓝不同颜色的棒棒糖道具。

（2）先播放一遍音乐让孩子整体感知音乐的旋律，播放第二遍时可以让孩子随着音乐自由舞动或和着音乐哼唱。

（3）开展舞蹈动作教学。

前奏：

准备：正步位站立，右手持道具"棒棒糖"，双手置于胃前。

【1-8】右左手交替伸至斜上方，同时配合左右脚向前迈步。两拍一动。

【9-10】右手举起"棒棒糖"，向右自转一周。

【11-12】双手置于右侧前平位，同时蹦跳步半蹲。队形由一排变至两排。

第一段音乐：

【1-2】右手旁斜上位，左手旁平位。同时双脚蹦跳至大八字位。

【3-4】左手不动，右手体前划立圆至旁平位。

【5-8】左手不动，右手摆臂。同时左右摆胯。

【9-12】一手旁平位，另一手收至脸侧。两手交替进行。同时正步位半蹲。两拍一动。

【13-16】动作同【5-8】。

【17-24】左手叉腰，右手旁平位屈臂。同时右旁踮步。两拍一动，分别进行。

【25-28】向右自转一周。

【29-32】动作同【5-8】。

第二段音乐：

【1-2】双手收至体前。

【3-4】右脚向前上步（或退步）至正步位。同时双手打开至旁斜上位。

【5-6】右脚向旁迈出。同时左手放至右肩上，右手不动。

【7-8】动作同【5-6】，方向相反。

【9-12】双分手。同时双脚成正步位，并踏右脚。

【13-16】双手持"棒棒糖"右左摆动。同时右左脚交替做旁蹉步。两拍一动。

【17-20】两人一组面对面。一人将"棒棒糖"交至另一人手中。

【21-24】一人旁按手，同时原地小碎步。同时另一人动作同【5-8】。

【25-32】动作同【17-24】。一人将"棒棒糖"交还至另一人手中。

第三段音乐：

【1-8】两人一组，左手旁按手，右手旁斜上位交叉。同时转动半圈。

【9-12】左手背后，右手至左前斜下位。一拍一动，分别进行。

【13-16】保持体态。右手划立圆。

【17-24】左手叉腰，右手旁斜下位。围圈转动再至横排。

【25-28】左手旁按手位，右手旁斜上位，自转一周。

【29-32】双抱肘。同时右旁蹉步位。

第四段音乐：

【1-8】双手持"棒棒糖"。走至纵排。

【9-16】动作同第三段音乐【9-12】。两拍一动。

【17-20】动作同第三段音乐【13-16】。

【21-24】一人右手放在右脸颊旁作"唱歌"模样，左手放至旁按手位置。同时左脚向左迈步；另一人扩指在耳旁作"聆听"模样，右手叉腰。同时右脚向右迈步，成正步位半蹲。

【25-32】结束舞姿造型。

3. 结束

（1）幼儿分组表演舞蹈《棒棒糖》。

（2）开展一场有关"分享"的讨论，鼓励幼儿积极交流学完舞蹈后的心情和感受。

五、活动延伸

（1）组织科学活动，如"糖宝宝的诞生"，探究糖果的制作过程。

（2）讲述绘本，如《牙细菌大作战》，开展以"保护牙齿"为主题的教育活动。

（3）开展以"分享"为主题的教育活动，如让幼儿带自己喜欢的玩具和同伴交换。

（4）在室内设置一个"糖果工作坊"并准备相应材料，鼓励幼儿发挥想象自由创作。

【提示】

（1）在整个活动中，舞蹈的动作、道具的运用和队形的变换是重点和难点，因此教学活动前，教师应充分了解本班幼儿的身体协调能力及身体协调性的发展水平，根据幼儿的实际情况对本次教学活动做出相应调整。

（2）孩子在活动中，学到的不应该只有舞蹈动作，更应该感受到舞蹈、音乐中蕴含的情绪情感。

（3）活动结束后，教师可以根据班级幼儿的学习情况，灵活开展后续教学，如巩固舞蹈中的重点和难点动作，以帮助幼儿熟练掌握整个舞蹈。

● 第五节　幼儿音乐游戏 ●

音乐游戏是一种比较特殊的舞蹈教育活动，其特殊性主要表现在音乐与游戏的相互关系上。它将音乐的艺术性和舞蹈的技能性完美地统一起来，让幼儿在听听、唱唱、动动、玩玩中掌握一定的知识和技能。轻松愉快的情绪，可以让幼儿主动地用身体去学习和探索音乐，在感受到音乐的美好的同时，也体验到了与同伴一起游戏的快乐。

案例导引2-5

　　幼儿音乐游戏《丢手绢》。这是根据孩子们喜闻乐见的传统的民间游戏活动"丢手绢"改编的音乐游戏活动。"丢，丢，丢手绢，轻轻地放在小朋友的后面，大家不要告诉他，快点快点抓住他，快点快点抓住他。"歌曲用幼儿熟悉而富于形象性的语言，将游戏活动的娱乐与紧张的心情结合在一起。在游戏中舞蹈、在舞蹈中游戏的教学活动让幼儿始终处于主体地位，并保持着身心愉悦的精神状态，这对幼儿形成乐观开朗、积极向上的性格具有积极的意义。

一、什么是幼儿音乐游戏？

　　音乐游戏是以发展幼儿音乐能力为主要教育目的的活动，一般是指幼儿在音乐伴奏或歌曲伴唱下，按音乐要求和一定规则进行各种动作的游戏。

　　在音乐游戏中，音乐和游戏是相互促进、相辅相成的。音乐指挥、促进和制约着游戏中的肢体动作，而游戏中的肢体动作又能帮助幼儿更具体、形象地感受和理解音乐，获得一定的情绪情感体验。音乐游戏是深受幼儿喜欢的一种舞蹈教学活动。

二、幼儿音乐游戏的特点

（一）强调游戏中的音乐性

　　音乐是音乐游戏的灵魂，贯穿了音乐游戏教学活动的始终。在音乐游戏中，幼儿感受着音乐的流动、旋律的起伏、节奏、音色、速度的变化，并根据音乐的变化作出相应的动作反应。只有伴随着音乐的肢体动作，才能更好地激发幼儿的情感，加深幼儿对音乐游戏内容的理解。

　　幼儿从听见音乐到感受音乐，从用身体表现音乐到发展音乐……整个教学活动都是以音乐为轴心进行发展和变化的。一个好的音乐游戏活动，是音乐和舞蹈共同演绎的。音乐不仅能调节和带动教学氛围，还能激发幼儿的创作灵感。因此，可以说，音乐性是音乐游戏活动最重要的特点。

（二）强调音乐中的游戏性

　　游戏性是音乐游戏活动的主要特征。音乐游戏是将音乐中的舞蹈教学和游戏有机地结合在一起，通过游戏化和类似游戏的教学形式，让幼儿在舞蹈教学活动中体验到和"玩"一样的感觉，从而自觉自愿地、快乐地投身于学习之中。音乐游戏可以让以前偶然的、支离破碎的游戏变得目标清晰起来。

强调音乐游戏活动的游戏性，是因为它不仅可以引发幼儿的学习兴趣，让他们感受到快乐和获得成功体验，还可以激发幼儿对音乐的理解和表达能力。

（三）强调教学中的灵活性

音乐游戏的任务不应是侧重于音乐和舞蹈的技能方面，而是要侧重于音乐游戏所能带给他们的快乐。因此，为了给幼儿提供更自主的游戏空间，提高其参与活动的积极性，就需要音乐游戏活动具有灵活性。其一，组织形式的灵活性。在音乐游戏中，集体活动、小组活动、个体活动、自由结伴活动等各种形式都可以运用，而幼儿也可以拥有更多的、灵活自主选择的机会，如选择合适的合作伙伴、选择表演作品的方式等。其二，教学内容的灵活性。教师可以根据游戏的发展需要增加或减少原本固定的学习内容。在游戏中，教师可以给幼儿不断提供新的刺激，引导幼儿进行独立思考，大胆探索，在激发幼儿对未知因素的探究兴趣的同时，也使幼儿创造性思维的幼芽得以发展。

三、幼儿音乐游戏的教育意义

（一）帮助幼儿感受音乐意境

音乐游戏具备了将音乐听觉表象付诸行动之中的功能，它让幼儿从音乐中来（感受音乐）——到音乐中去（表现音乐）——再回到音乐中来（掌握音乐），最终达到寓音乐游戏于教育的目的。

由于音乐游戏具有让幼儿在学中游戏、游戏中感知的特点，因此，它的学习过程也是幼儿对乐曲自主探索、整体感知的过程。作为音乐游戏活动中的音乐歌曲，它包含了形象生动的歌词与优美动听的旋律，特别为幼儿所喜欢和接受。而孩子们通过自己的感受、体验、想象音乐作品的意境，更容易加深对乐曲的深远意境的理解，与音乐产生共鸣。这种幼儿自身对音乐的感受是任何语言都无法教授的。

（二）促进幼儿的主体性发展

作为一个独立的个体，孩子是有差异的，他们愿意以自己喜欢的方式去表达自己的思想和情感。针对幼儿的个体差异、内在需要、兴趣爱好以及潜在的发展可能性，应该给予幼儿自我发展的机会。而音乐游戏这种教学活动形式，恰恰重视的就是幼儿的表现力和创造性。它鼓励幼儿自由地、大胆地表达自己的想象、情感和思想，让幼儿用积极投入的学习态度，将他们最初级、最原始、最基本的自我创作带入音乐体验中。在游戏这个轻松愉快的教学环境中，幼儿真正成为学习活动的主体，成为活动的积极参与者和创造者。

（三）促进幼儿合作和交往能力的发展

　　音乐游戏是有一定的游戏规则的，它包括行为规则和程序规则。如果幼儿想顺利地玩儿好音乐游戏，就必须遵守游戏规则。音乐游戏一般是集体性游戏，随着活动的开展，幼儿必须先找到游戏的伙伴，以角色身份进行交往，于是，幼儿之间的合作交往就产生了，而合作与交往能力恰恰是幼儿社会化的一个重要的方面。在音乐游戏中，如果幼儿能协商合作好，那么游戏就进行得顺利，反之则不然。这种合作与交往强化了游戏的刺激感，也为幼儿提供了交往的经验和内容。可以说，在音乐游戏中，交往的对象、环境、目的、内容都为幼儿发展交往能力提供了有利的条件。

案例2-5

幼儿音乐游戏：《调皮的铃鼓》教学活动方案

设计者：宋思潼　崔心怡

《调皮的铃鼓》舞蹈视频

【年龄段】

5—6 岁。

【设计意图】

幼儿音乐游戏《调皮的铃鼓》通过声音清脆、简单易学的乐器——铃鼓，配合完成表演，不仅能够激发幼儿对学习舞蹈的兴趣，还能够锻炼幼儿的身体协调能力以及对音乐的感知能力。舞蹈过程中幼儿可以用铃鼓敲击身体不同部位的方式来表达自己对于音乐的感受；也可以通过对音乐鼓点的感知，用不同的方式来表现音乐节奏的变化，体验音乐游戏的快乐。

一、活动目标

（1）知道基本动作要求，熟悉歌词和铃鼓的使用方法。

（2）能够正确感知音乐节奏的变化并配合铃鼓的运用。

（3）感受歌曲的欢快节奏，愿意尝试用不同的动作表达自己的感受。

二、活动重点、难点

1. 活动重点

掌握音乐节奏及鼓点的变化，正确运用铃鼓。

2. 活动难点

能在舞蹈过程中正确感知音乐节奏的变化并配合铃鼓的运用。

三、活动准备

1. 经验准备

幼儿有过铃鼓的使用经历或听过带有鼓点节奏的音乐。

2. 物质准备

乐器铃鼓。

四、活动过程

1. 导入

带领幼儿认识乐器铃鼓，探索铃鼓的演奏方法，展开一场关于小铃鼓的讨论，例如让幼儿思考怎样让铃鼓发出好听的声音，吸引幼儿对铃鼓产生浓厚的兴趣。

2. 展开

（1）给幼儿分发铃鼓。

（2）播放音乐让幼儿感知音乐的旋律和节奏。

（3）开展舞蹈动作教学。

① 小铃鼓与手相互击掌两次配合脚下踏步。

② 用小铃鼓随意击打身体任意部位（例如：拍击肩膀、手臂和头部）。

③ 在音乐出现"扭啊扭啊"时，晃动铃鼓发出声响。

④ 在音乐出现"停"时随意做动作摆出造型保持静止状态。

3. 结束

（1）幼儿可以通过交换铃、鼓道具感受不同乐器发出的声音。

（2）让幼儿通过不同动作或声音模仿铃、鼓进行音乐游戏。

五、活动延伸

（1）开展体育游戏活动，如"木头人"，锻炼幼儿身体的协调能力及控制能力。

（2）在表演区投放不同种类乐器，让幼儿自由探究乐器发出的声音。

（3）在图书区投放和声音有关的绘本，如《跑进耳朵的声音》，帮助幼儿了解声音的传播。

【提示】

（1）在整个活动中，教师引导幼儿正确感知音乐节奏的变化，并配合铃鼓的运用是该舞蹈教学的重难点，教师应当根据本班幼儿的实际情况灵活安排教学。

（2）舞蹈中除了铃鼓与手相互击掌两次并配合脚下踏步的动作外，没有固定统一的动作要求。在教学过程中，教师应注意激发幼儿的想象力，鼓励幼儿大胆做出自己想出的造型动作，表达自己的情绪和感受。

（3）在学习整个舞蹈之前，教师应做好前期经验铺垫，让幼儿接触并熟悉铃鼓，可以尝试用带有鼓点的音乐和节奏作为过渡环节音乐，帮助幼儿建立对此类音乐及节奏的感知能力。

● 第六节　幼儿即兴舞 ●

　　幼儿即兴舞是以幼儿为中心，以启发和创造幼儿的思维、表现能力为主要教学目的的一种舞蹈教学形式。幼儿在倾听音乐的过程中，通过对音乐节奏、旋律及所蕴含的情感特征的感受，迅速地确定某一舞蹈主题，并用肢体动作表现出来。而幼儿与即兴舞蹈最为直接的联系就表现在，即兴起舞是幼儿的一种普遍行为，并且即兴舞蹈与幼儿的身心特点相适应，更有利于幼儿的身心发展。①

> **案例导引2-6**
>
> 　　幼儿即兴舞《小老鼠，上灯台》。《小老鼠，上灯台》是一首传统儿童歌谣，歌曲曲调活泼生动，歌词简单，妙趣横生。"小老鼠，上灯台，偷吃油，下不来。喵喵喵，猫来了，叽里咕噜滚下来。"这个舞蹈将小老鼠既贪吃，又胆小的形象表现得一览无余。该
> 谐幽默的即兴舞，一方面让幼儿体会到了创造的快乐，另一方面，也具有教育意义，它让幼儿懂得做人要本本分分，不能像小老鼠那样存在贪婪、不劳而获的想法。

一、什么是幼儿即兴舞？

　　幼儿即兴舞是指幼儿掌握了一定数量的舞蹈基本动作和初步具备对音乐的感受能力后，在幼儿歌曲或音乐形象鲜明的乐曲伴奏下，根据自己对音乐的理解和感受即兴表演的舞蹈。

　　由于即兴舞是一种不受时间、空间、主题、意义等限制的自由舞蹈，它的结构和构思完全在流动的舞蹈动作中完成，因此，需要幼儿在探索中完成动作的发展变化，使舞蹈动作向和谐方向发展。

二、幼儿即兴舞的特点

（一）强调舞蹈的即时性

---

① 金秋. 即兴舞蹈与幼儿舞蹈教育[D]. 上海：上海师范大学硕士学位论文，2009.

即兴舞从发生的时间来说，具有"即时性"的特征。而"即时性"正是即兴舞蹈最重要的特征，也是与其他舞蹈形式区别开来的首要条件。"即时性"特征的存在体现在两方面：其一，它没有经过预先的准备，是因为瞬间的某种内心感受而即时产生的一种肢体表现，透露的是幼儿在当时境遇下对身体和思想做出的即时而果断的判断；其二，也正是由于是没有准备，幼儿的肢体动作只能依靠身体的本能反应来完成，可能会表现出毫无章法可言的无序动作。

在即兴舞中，幼儿只是单纯地感受了音乐，便通过快速的肢体动作将内心的感受积极地展现出来，它可以全面地反映幼儿当时的身体反应能力和思维能力。

（二）强调舞蹈的创造性

即兴舞从发生的过程来说，具有"创造性"的特征。一般的舞蹈教学过程是由教师把事先经过构思、收集素材、加工提炼以及反复修改后的舞蹈作品教授给幼儿，再由幼儿直接表演完成的，而即兴舞则不需要这一过程，它需要运用幼儿的"创造性"思维，并使这一思维活动贯穿在舞蹈过程的始终。这种创造性的思维活动，幼儿往往是在无意识的状态下进行的，在舞蹈中时常会有超越常规的闪光点动作出现，这种闪光点在教师的把握与指点下，可以成为舞蹈的主导动机，在此基础上让幼儿尽情地发挥。

在即兴舞中，幼儿会对已有的知识和信息进行解构与重构，再经过瞬间的创造，产生新的动作、新的舞蹈。因此，可以说即兴舞就是追求一种创新的活动，它所强调的是幼儿在瞬间调动自己全部的知识、经验来进行创造性思维活动。

（三）强调舞蹈的个性化

即兴舞从发生的结果上看，具有"个性化"的特征。在即兴舞蹈的过程中，每个幼儿的身体运动能力、爱好、气质皆不同，其原有的心理状态以及当下即兴时的心理活动也都不尽相同，也正是如此，其所呈现的即兴舞蹈也会不同。舞蹈理论家刘青弋曾经说过："在没有经过理性思考情况下形成的身体动态，在下意识的行为中，将个人最有特性的身体样式呈现出来，即兴带出了个体的人的最典型的空间样式，使一人区别于他人，亦使艺术成为最不能被仿制的精神产品。"[①]幼儿即兴舞的价值之一便是由其"个性化"所体现的，即每一个即兴舞蹈作品都是一个不可模仿的作品，具有不可替代性。

① 刘青弋. 现代舞蹈的身体语言［M］. 上海：上海音乐出版社，2004：76.

三、幼儿即兴舞的教育意义

（一）感受身心和谐之下的舞蹈美感

即兴舞是出自幼儿一种本能的、原始的舞蹈，也是最能表达他们自然感情的舞蹈。从这样的角度让幼儿来认识肢体语言，可以让他们感受到舞蹈是鲜活的、有生命力的。例如在即兴舞的过程中，有的幼儿听到音乐后会立刻产生联想，搜寻生活中的人或物，并把它迁移到舞蹈中；有的幼儿则需要短暂思考，对表达的事物有了确定的影像后才开始用肢体进行表现；还有的幼儿可能暂时没有灵感，需要参照其他幼儿的表现才能有所动作。总之，无论是哪种形式引发的即兴舞表现，都是幼儿用心灵进行创作和表演的，表现的是真实的自我。这些由幼儿有感而发而形成的动作新颖、感情真挚的舞蹈摆脱了各种舞蹈框架的束缚，使幼儿的自我个性得到了张扬和释放，也使幼儿感受到身心和谐之下的舞蹈美感。

（二）让幼儿体验合作学习的乐趣

苏联著名教育家维果茨基认为：合作学习是幼儿学习的重要手段，能促进幼儿在最近发展区的长足进步。《幼儿园教育指导纲要（试行）》中也指出："为幼儿创设展示自己作品的条件，引导幼儿相互交流、相互欣赏、共同提高。"而现在的幼儿在活动中往往更多注重自我创造、自我赏识和自我满足，他们缺少与伙伴合作、交流、欣赏、分享成功、快乐的体验。

即兴舞的过程是一个创作的过程，也是一个与自己、他人或者他物合作的过程。[①]这个创作过程和合作过程会有遇到挫折的时候。如果遇到了挫折和困难，就要想办法去解决。当幼儿依靠自己的能力化解了所有问题和矛盾时，一定会从心里感受到积极情绪体验的乐趣。另外，在合作的过程中，幼儿相互欣赏同伴的动作，还可以启发自己的思维，增进彼此间的情感交流，感受到团队协作的快乐。

（三）促进幼儿创造性思维能力的发展

皮亚杰理论提出了幼儿主体在教育中的作用，他认为幼儿的教育必须是一个启发幼儿主动学习的过程。幼儿通过自己的活动，不断建构自身的智力的基本概念和思维形式。于是，我们可以通过即兴舞这一教学活动让幼儿自己去尝试、去发现、去体验、去创造。

即兴舞表演不仅是一种能够将幼儿的知识经验、思维材料引起变化、更新、改组的综合性学习，还是一种学习主体在学习活动中思考问题的操作过程。它给幼儿的创

---

① 金秋. 即兴舞蹈与幼儿舞蹈教育[D]. 上海：上海师范大学硕士学位论文，2009.

造性留出充分发展的余地和更多的独立解决问题的机会。[1]

在传统的幼儿舞蹈活动中，教学形式似乎更看重舞蹈技能的展现，而即兴舞则不然，它关注的是思维带动下的身体运动方式，追求通过各种方法让思维得到启发，以此激发身体的创造力。在做即兴舞时，幼儿所表现出来的动作是由自身的愿望所引起的，必然与其他幼儿不一样，而正是这种不一样，让幼儿在主体性的体验中获得了创造性的发展。因此，通过即兴舞的教学，幼儿的思维必是灵活而富有创造力的，并且创造精神也会在他们的精神里生根发芽。[2]

 案例2-6

幼儿即兴舞：《小老鼠上灯台》教学活动方案

设计者：王诗雨　崔心怡　　《小老鼠上灯台》
舞蹈视频

小老鼠上灯台

张宾昔 词
生 茂 曲

1=C 2/4

小老鼠，上灯台，偷油吃，下不来。
喵喵喵，猫来了，叽里咕噜滚下来。

---

① 严林. 从即兴表演看幼儿的创造性表现[J]. 山东教育, 2002 (12).
② 金秋. 即兴舞蹈与幼儿舞蹈教育[D]. 上海：上海师范大学硕士学位论文, 2009.

【年龄段】

4-5 岁。

【设计意图】

《小老鼠上灯台》是一首充满儿童情趣的儿歌，欢快的旋律和通俗易懂的歌词生动形象地表现了小老鼠偷吃灯油的过程。幼儿即兴舞《小老鼠上灯台》自由地抒发了幼儿的内心情感，在激发表现力和创造力的同时，也让幼儿关注到自身肢体的表现性，体验到即兴舞蹈的快乐。

一、活动目标

（1）了解即兴舞蹈，感知童谣内容。

（2）能够即兴用身体动作表现"小老鼠"的形象。

（3）愿意大胆想象并表现自己，体验即兴舞蹈的乐趣。

二、活动重点、难点

1. 活动重点

能够跟随音乐即兴创编舞蹈。

2. 活动难点

动作形象及情绪表达准确。

三、活动准备

1. 经验准备

幼儿具备一定的舞蹈基本动作的表演能力。

2. 物质准备

《猫和老鼠》动画片片段；小猫、老鼠头饰若干。

四、活动过程

1. 导入

播放《猫和老鼠》动画片片段，询问幼儿动画片里发生了什么。播放第一遍音乐让幼儿自由模仿小老鼠的动作或神态；播放第二遍音乐时将音乐中的故事情节讲述给幼儿，为幼儿解放天性、表达自我提供一定的铺垫和基础。

2. 展开

（1）第一遍音乐，根据歌词内容鼓励幼儿大胆想象小老鼠的动作并进行独立的模仿和表现。

（2）第二遍音乐，让幼儿两人一组合作创编舞蹈动作，同时鼓励幼儿在勇敢表达自己想法的同时能够听取同伴的想法和建议。

（3）第三遍音乐，可将全班幼儿分为六人一组，在组内进行舞蹈即兴创编后的分享和交流。

3. 结束

（1）将"小老鼠"和"猫"的头饰分发给幼儿，进行情境表演。

（2）邀请表现能力较强的幼儿分享自己在即兴舞蹈过程中的想法和感受。

五、活动延伸

（1）组织语言教育活动，如以"小老鼠"为主题的童谣创编。

（2）开展户外体育游戏，如"猫捉老鼠"，锻炼幼儿的反应力和身体躲闪能力。

（3）开展以"安全"为主题的教育活动，如组织"我是小小安全员"活动，告诉幼儿生活中的安全常识，培养幼儿的安全防范意识。

（4）在艺术区准备多种美术材料，鼓励幼儿大胆想象"小老鼠上灯台后还会发生什么"，并让幼儿尝试用不同的艺术形式表现出来。

【提示】

（1）即兴舞蹈可以让幼儿自由、不受限制地用肢体语言来表达自己的内心想法，在此过程中教师应及时关注幼儿的动作表达及传递出的情绪体验，积极保护他们的想象力及创造力。

（2）由于活动中需要与同伴相互配合完成舞蹈动作，可能会导致幼儿间发生攻击性行为，教师在教学过程中应及时发现问题并引导幼儿合理解决冲突。

● 第七节　幼儿民族民间舞 ●

作为蕴含了民族文化背景、风土人情、生活习惯、民族精神等丰富内容而最终表现为与浓郁的民族音乐旋律相和谐的民族民间舞蹈，有着极具观赏性的艺术内涵，它既能满足孩子们对民族文化的了解和认知，又能满足孩子们的审美需求。民族民间舞是幼儿园舞蹈教学中不可缺少的教学形式。

 案例导引2-7

幼儿民族民间舞《金孔雀轻轻跳》。"孔雀舞"是傣族地区广为流传的、最具有代表性的一种舞蹈形式。其身体富有雕塑性的"三道弯"造型，展现了可爱的、美丽的、高洁的小孔雀形象。舞蹈一方面具有傣族舞蹈独特的民族风格特征，另一方面也表达了傣族儿童对和平、幸福、美满生活的向往之情。

一、什么是幼儿民族民间舞？

民间舞蹈是在人民群众中广泛流传，具有鲜明的民族风格和地方特色的传统舞蹈形式。作为一种文化现象，民族民间舞历来被视为"民族文化的灵魂"。幼儿民族民间舞蹈除具备上述形式特征外，还以其舞蹈中活泼的音乐曲调、鲜明的节奏、欢快的情绪、新颖多样的体裁等特点，让幼儿感受到民族文化的多样性和差异性，在让他们得到美的熏陶和情感体验的同时，又获得对多元文化的认识。

二、幼儿民族民间舞的特点

（一）强调舞蹈风格的稳定性

日本舞蹈家石井漠曾经说过这样的话："舞蹈和其他艺术一样，决定其本质的是风格。"所谓风格，是指一个时代、一个民族、一个流派或一个人的文艺作品所表现的主要思想特点和艺术观点。民族民间舞的形成因受地域、自然环境、社会结构，以及风俗习惯的影响，具有鲜明的民族风格特点和地域色彩。如山东的"胶州秧歌"这种具有独特风格的民间舞蹈，就体现了齐鲁文化的特征。它的舞蹈动作特点是抻、韧、碾、拧、扭，体现了山东人民憨直、洒脱、刚劲、坚韧、大方、泼辣等性格特征。可以说，风格的一贯性、稳定性是民间舞蹈表现的特质，是民族民间舞蹈的精髓。

幼儿民族民间舞应该结合这些特点及幼儿生活经验，将舞蹈动作转变为幼儿的舞蹈语言，让孩子们在快乐中学到知识，得到艺术美的享受。

（二）强调舞蹈文化的传承性

民族传统文化是一个民族世世代代积累的文明成果，是一个民族不断发展的源泉。民族民间舞蹈作为民间文化的载体，其经久不衰的奥妙就在于保存了人类文化生存和发展的基质。它利用其特有的身体形态语言，将积淀着一个民族特有的、个性的、不能被取代的传统观念和文化因素表现与传承下来。中国的民族民间舞蹈作为中国浩瀚文化中一种绚丽艺术的存在，传承了中国几千年来的文化底蕴，也促进了人类艺术文明的发展。它的舞蹈程序、场面调度、队形图案、伴奏音乐以及服饰服装道具等都体现着中国的民族历史、宗教、伦理、社会乃至语言等文化因素。民族民间舞蹈文化的传承，其实质是中国文化精神与民族审美心理的传承。

利用幼儿民族民间舞这种教学形式实现对民族传统文化的传承，有利于促进孩子对民族文化的理解，易形成民族认同感和内聚感。

（三）强调舞蹈形式的多样性

中国是一个拥有五十六个民族的庞大的多民族国家，几乎每一个民族都会有自己独具特色的民族民间舞蹈。由于各民族有其特有的地方特点和风俗习惯，因此也就形成了种类繁多的舞蹈表现形式。这些舞蹈形式又包括了多种用途和风格，如有些舞蹈是专用于祭奠等风俗习惯，有些则表现了各族人民淳朴的生活劳动实践，还有的则是对节日的庆祝等。不同形态的舞蹈反映了各个民族不同的历史生活、民族性格和艺术情趣。

形式多样的民族民间舞蹈的学习，把幼儿的舞蹈技能性和知识性有机地结合起来。这种不仅停留在肢体语言表达，还注重了解文化背景的拓展学习，拓宽了幼儿的视野，全面提升了他们的文化素质。

三、幼儿民族民间舞的教育意义

（一）增加对民族文化知识的认识

《幼儿园教育指导纲要（试行）》指出："适当向幼儿介绍我国各民族和世界其他国家、民族的文化，使其感知人类文化的多样性和差异性。"匈牙利作曲家、音乐家柯达伊认为："民族文化是民族精神最完美的表现，教育的目标就是使它们尽快地为全民所占有。"

在学习民族民间舞的过程中，孩子们不单单是随着音乐舞动，还会接触到这些舞蹈背后蕴含的各民族的音乐、服饰、风俗、传说等。例如傣族民间舞的教学，在学习舞蹈技能的同时，孩子们还认识了傣族人民穿的服装、懂得傣族人民视孔雀为吉祥的象征、身体的"三道弯"造型为其动作的主要特征，并且能歌善舞等生活常识。

舞蹈作为一种文化，是一个民族、一个国家或地区整个文化发展的外在表现。民族民间舞的学习，不仅让孩子们享受了愉悦的舞蹈过程，也让他们感受到博大而丰富的民族文化。

（二）树立与传承民族文化精神

没有一门艺术，可以像民族民间舞一样，能够最直接、最生动、最富感染力、最直观地表现该民族人民的性格、气概、气质、生活方式、本质精神、物质文化、生存状态乃至宗教信仰等等一切。[1]民族民间舞蹈作为文化积淀的一种手段，是在一种群体化的自我审美中来完成对民族文化与精神的传承的。而民族民间舞能流传至今，也足以证明其强大的生命力。

独具特色的民族舞蹈语言，传递的是一种勇敢、坚韧、美的精神。通过开展民族民间舞的教学活动，让幼儿学会尊重和欣赏其他民族文化，不仅培养了孩子的民族情结，潜移默化地让中华文明在孩子们身上树立与传承，也增加了他们热爱祖国的美好情感。

（三）培养幼儿的审美素养

在幼儿园开设民族民间舞蹈活动课程，能够在两种气质上深刻地影响幼儿：一是民族气质。当幼儿在学习某种具体民族民间舞蹈的同时，不仅可以了解这一民族文化的典型特征，还让他们接受其民族文化的熏陶。例如学习蒙古族舞，让幼儿着重体会其中豪迈的气概；学习朝鲜族舞，体会其中含蓄内敛的神韵；学习维吾尔族舞，体会其中乐观幽默的态度。当幼儿能真正体验到该舞种的民族风格时，他们也就更容易学习这种舞蹈。二是自身气质。在学习过程中引导幼儿形成正确的审美观，并在表演中加强自信心，学会积极地表现自己。[2]另外，民族民间舞包含的内容广泛，表现的形式

---

① 崔宾彬. 中国民间舞蹈文化的传承与发展对提升大学生综合素质作用的研究[D]. 石家庄：河北师范大学硕士学位论文，2011.
② 同上注.

丰富多样，其特有的民族服饰和道具的穿着与运用，也激发了幼儿的学习兴趣与表现欲望。

通过民族民间舞的教学，激发幼儿美的情绪、情感，在理解和表现作品的基础上产生审美意识，丰富审美构想，这对丰富他们的美感经验、形成初步的审美能力起着十分重要的作用。

 案例2-7

幼儿民族民间舞：《火车开了》教学活动方案

设计者：吴子燕 崔心怡

《火车开了》
舞蹈视频

火车开了

匈牙利儿童歌曲
吴 静 译词
欧阳斌 配歌

1=C 2/4

```
1 1  3 1  | 5 5  6 5 | 4 3  2  | 1    -  | 1 1  3 1 |
咔嚓 咔嚓  咔嚓 咔嚓   火 车 开    啦，       咔嚓 咔嚓

5 5  6 5  | 4 3  2   | 1    -  | 4 5  6  | 6    -  | i 7  6  |
火车 跑得   多 么 好，            火 车 司   机，      开 着 火

5    -  | i 5  3 1  | 5 5  6 5 | 4 3  2  | 1    -  ‖
车，       咔嚓 咔嚓   咔嚓 咔嚓   向 前 奔    跑。
```

【年龄段】

4—5岁。

【设计意图】

在幼儿园舞蹈教学活动中，学习蕴含了各民族文化内涵的民族民间舞对萌发幼儿热爱祖国的情感具有重要意义。藏族舞蹈《火车开了》的主要动作为简单的平踏步，意在让幼儿初步掌握藏族舞中典型的颤膝动作；舞蹈中还设置了具有藏族舞蹈风格特征的"打招呼"动作以及"小朋友们按序上车"等动作，目的在于培养幼儿讲秩序、懂礼貌的良好品质。

一、活动目标

（1）了解藏族舞的基本风格特点，知道自己的祖国是一个多民族的大家庭。

（2）能够根据音乐节奏正确地做出平踏步动作，在和同伴的配合中完成舞蹈。

（3）愿意大胆表现自己，体会与同伴合作完成舞蹈的快乐。

二、活动重点、难点

1. 活动重点

能够根据音乐节奏正确地做出平踏步的动作。

2. 活动难点

掌握平踏步的基本动作要领，在与同伴的配合中完成舞蹈。

三、活动准备

1. 物质准备

教师利用卡纸等材料在地板上铺好"火车轨道"。

2. 经验准备

幼儿知道藏族是我国的少数民族之一。

四、活动过程

1. 导入

老师提问幼儿中国有多少个少数民族，展开简单的关于藏族和西藏的"头脑风暴"，最终定格在老师或幼儿提出"藏族舞"和"青藏铁路"的关键词上。老师告诉幼儿今天要学习一个有趣的藏族舞，要用"开火车"的方式沿着"青藏铁路"（提前铺好的"轨道"）开往西藏，调动幼儿学习藏族舞的积极性。

2. 展开

（1）让幼儿自己选择在舞蹈中所要扮演的角色（司机或乘客）。

（2）先放一遍音乐让幼儿熟悉一下舞蹈音乐；第二遍音乐，老师带着幼儿沿着"火车轨道"进行简单的"开火车"，让幼儿大致了解"开火车"的形式与路径，进一步调动幼儿学习藏族舞的兴趣。

（3）进行具体细节动作的教学。

前奏：

【1-8】双手握拳，前平位屈臂（握方向盘状）。平踏步前行。两人先行，招呼同伴。

【9-16】双手前平位搭肩（车厢状）。平踏步前行。

第一段音乐：

【1-8】平踏步前行。行至第8拍停住。

【9-16】动作同【1-8】。

【17-20】左手扶胯，右手上位摆动（打招呼状）。同时正步位半蹲。

【21-24】"火车头"双手至旁按手位，"车厢"保持不动。同时旁踏步位。

【25-32】平踏步行进，变换队形。其中两人一臂旁斜上位，一臂旁按手位（山洞状），其他人保持不变。

间奏：

动作同第一段音乐【1-16】。

第二段音乐：

动作同第一段音乐【1-32】。

3. 结束

（1）带领幼儿在铺设的"火车轨道"上进行舞蹈表演。

（2）可以让幼儿有秩序地互换角色。

五、活动延伸

（1）组织集体教育活动，如"五十六个民族是一家"，让幼儿知道我国是一个多民族国家，激发幼儿的爱国情感。

（2）在图书区投放相关绘本，如《我是中国的孩子》，帮助幼儿了解各民族的风俗习惯和传统节日，激发幼儿的民族自豪感。

（3）开展以"各民族美食"为主题的活动，让幼儿品尝较常见的民族美食。

【提示】

（1）藏族舞中颤膝的动作对于4-5岁年龄段的幼儿来说是学习的难点，教师应根据本班幼儿学习的实际情况灵活安排教学，如分配更多的时间让幼儿熟悉膝部小颤的动作，先进行单独元素练习，再配合平踏步练习。

（2）在舞蹈的学习过程中，教师要强调"上车"的秩序，在互换角色的过程中也要强调"有秩序"，帮助幼儿树立遵守规则的意识。

（3）民族舞的学习不仅仅是了解这一个民族文化内涵的过程，还要通过这一个少数民族舞蹈的学习激发幼儿对其他少数民族舞蹈学习的热情及了解民族文化的兴趣。让幼儿认识到我们国家是由五十六个民族组成的大家庭，激发幼儿的爱国情怀。

话题小结

幼儿园舞蹈教育活动的主要形式包括律动、集体舞、歌表演、表演舞、音乐游戏、即兴舞和民族民间舞等。各种舞蹈教学活动形式又因其不同的定义、特点及分类方式，展现出独特的教学魅力和教育意义。如律动的特点：强调表达音乐的基本元素、动作的单一性和重复性以及动作的目的性。其教育意义在于：培养幼儿的音乐感受力、音乐表现力和音乐创造力。集体舞的特点：强调幼儿的集体行为、动作的简单性和重复性以及有规律的变换队形。其教育意义在于：促进幼儿合作交往能力的发展、发展幼儿的时间和空间知觉感知力以及建立并培养幼儿的规则意识。歌表演的特点：强调表演以歌为主，动作为辅；音乐和动作形象的鲜明性、生动性；动作围绕歌曲的主题发展变化。其教育意义在于：发展幼儿的音乐基本能力、加深幼儿对音乐作品的理解以及激发幼儿的情绪情感表现。表演舞的特点：强调题材表现的宽泛性、舞台的艺术氛围和突出舞蹈的表演性。其教育意义在于：让幼儿体验成功的快乐，发展幼儿的表演才能，培养幼儿积极的情感。音乐游戏的特点：强调游戏中的音乐性、音乐中的游戏性和教学中的灵活性。其教育意义在于：帮助幼儿感受音乐意境，促进幼儿的主体性发展，促进幼儿合作和交往能力的发展。即兴舞的特点：强调舞蹈的即时性、创造性和个性化。其教育意义在于：感受身心和谐之下的舞蹈美感，让幼儿体验合作学习的乐趣，促进幼儿创造性思维能力的发展。民族民间舞的特点：强调舞蹈风格的稳定性、舞蹈文化的传承性、舞蹈形式的多样性。其教育意义在于：增加对民族文化知识的认识，树立与传承民族文化精神，培养幼儿的审美素养。

自我评量

一、名词解释

　　1.幼儿律动　　　2.幼儿集体舞　　3.幼儿歌表演　　　4.幼儿表演舞

　　5.幼儿音乐游戏　6.幼儿即兴舞　　7.幼儿民族民间舞

二、简述题

1.幼儿律动的特点是什么?

2.幼儿律动包括哪些形式?

3.幼儿集体舞的特点是什么?

4.幼儿集体舞包括哪些形式?

5.幼儿歌表演的特点是什么?

6.幼儿表演舞的特点是什么?

7.幼儿音乐游戏的特点是什么?

8.幼儿即兴舞的特点是什么?

9.幼儿民族民间舞的特点是什么?

三、论述题

1.幼儿律动的教育意义是什么?

2.幼儿集体舞的教育意义是什么?

3.幼儿歌表演的教育意义是什么?

4.幼儿表演舞的教育意义是什么?

5.幼儿音乐游戏的教育意义是什么?

6.幼儿即兴舞的教育意义是什么?

7.幼儿民族民间舞的教育意义是什么?

|第三章|

幼儿园舞蹈教学各年龄班的教学特点

学习目标

1. 了解和掌握幼儿园各年龄班舞蹈教学的特点。
2. 了解关于幼儿园各年龄班舞蹈教学的建议。

● 第一节　小班幼儿舞蹈的教学特点 ●

由于小班幼儿年龄较小，对音乐的理解和肢体表达能力有限，对舞蹈的认识也是肤浅的，在他们的内心世界里快乐是最重要的。因此，培养舞蹈学习的兴趣就成了小班幼儿舞蹈教学的主要目的。我们要让舞蹈教学活动成为一种游戏，让幼儿有兴趣、愉快的学习，让他们感受到舞蹈活动带来的快乐，树立起为自己快乐舞蹈的意识。

案例导引3-1

小班舞蹈《小鸡和小鸭》。"小鸡小鸭，碰在一起，小鸡叽叽叽，小鸭呷呷呷，叽叽叽，呷呷呷，叽叽叽，呷呷呷，好像说话，又像游戏。"这是一个小班幼儿的舞蹈律动练习。短小的歌曲，外加上简单的肢体动作，适合这个年龄段的幼儿学习。可是，如果只让幼  儿单一的学习小鸡、小鸭的形象动作并着音乐进行练习，可能教师会觉得还没达到肢体以及表现力等方面训练效果的时候，幼儿就已经跳烦了。如果这时教师采用游戏化的教学方式，并为幼儿创设音乐意境，引导幼儿表现歌词中的情景："小鸡小鸭两个好朋友碰到一起了，他们'叽叽叽、呷呷呷'的在说什么呢？"此时幼儿一定会兴奋地、积极踊跃地抢先回答："他们在打招呼，说你好你好""他们在问对方能不能一起去游乐场""小鸭说刚游完泳、小鸡说刚吃了几条小虫子"……虽然这只是小小的一个舞蹈律动活动，但通过趣味性的情节内容、游戏化的教学方式、诙谐有趣的表演，却可以让幼儿在活动中感到乐此不疲。

一、小班幼儿舞蹈动作的编排

小班幼儿处于身体迅速发展的时期，而动作发展又是其重要标志。由于小班幼儿的骨骼和肌肉纤维都没有发育完成，虽然身体和手的动作已经比较自如，可以掌握一些较为精细的动作，但是，他们基本动作的整体水平还比较低，特别是平衡能力和控制能力，有的幼儿甚至连随着音乐的节拍进行整齐的拍手或者踏步都不容易。因此，平衡性的训练可作为这个年龄段的重点教学内容。

教师可以有计划、有目的地引导幼儿在舞蹈教学活动中完成走、跑、跳等基本动作。如可以让幼儿对小动物进行形象模仿（小鸭的一摇一摆、小兔的一蹦一跳），以及拍拍手、跺跺脚等简易的动作，以此来感受肢体动作的变化。通过合理的肢体动作训练，可以促进小班幼儿运动能力的发展，培养平衡及协调能力。

二、小班幼儿舞蹈音乐的选择

由于小班幼儿年龄较小，他们正处在具体形象性思维阶段，抽象思维还未萌芽。此时他们对音乐的欣赏还比较简单，只能欣赏音乐的表面而不太明白具体的内容。因此，更需要合适的音乐来辅助他们完成舞蹈的学习。

动作与音乐的结合对于小班幼儿来说不是为了好的动作配适合的音乐，而是为好的音乐配合适的动作。那么，什么样的音乐适合配合小班幼儿的肢体动作表现呢？总体来说，旋律欢快、活泼、节奏鲜明的歌曲，对于这个年龄段的孩子来说还是比较容易接受的。

首先，活泼欢快的乐曲，易使幼儿受到情绪的感染，从而达到听觉神经对动作神经的刺激，自觉地产生动作的意愿；其次，歌曲的节奏要明确，有明显的重拍，这样的歌曲便于提示幼儿掌握节奏、韵律；另外，考虑到幼儿的骨骼和肌肉发育都不是很成熟，歌曲的速度不宜过快和过慢，应以中速为主。过慢的歌曲，会让幼儿长时间保持在一种状态下，使幼儿较难保持肢体的平衡，过快的歌曲，会让幼儿跟不上节奏，从而导致幼儿丧失对舞蹈学习的兴趣；最后，歌曲的内容要与幼儿的生活经验相关，这样便于他们认知和了解音乐，使之自觉地投入舞蹈学习中。

此外，还需注意的是，小班幼儿舞蹈教学活动中音乐的选择要考虑幼儿听觉和记忆发展水平的局限性。对于小班幼儿来说，最好音乐旋律多加重复，并在此基础上增加新的内容。这样，既有利于幼儿更好地感受音乐的节奏特点，练习基本舞蹈动作，还可以通过新的音乐内容发展想象力、创造力。

三、小班幼儿舞蹈教学时间的安排

由于身体发展的特点，小班幼儿的注意力以无意注意为主，凡是生动、新颖、活泼形象的事物都容易引起他们的注意，但是刚刚集中的注意力又很容易因为受到更加强烈的新鲜刺激物的影响而转移。这个突出的特点使得小班幼儿对一件事物所引发的兴趣的注意力时间不会长久。因此在相对强度较高的舞蹈教学中，时间不宜过长。

过长的教学时间，教师可能已经无法掌控幼儿的有意注意，这样只能产生无效学习的后果，其副作用就是打消了幼儿的学习兴趣，另外，还有可能造成幼儿肌体疲劳等不良反应。适中的教学时间，可以让孩子一直快乐地起舞。研究表明，小班幼儿舞蹈教学时间安排在5～10分钟为宜。

四、小班幼儿舞蹈教学目标的制定

小班舞蹈教学活动的指导应遵循启发幼儿的创造力和想象力这一基本原则。在教学目标上，强调以情感为主、肢体动作为辅，让幼儿初步体验用动作、表情、姿态与他人进行交流。

由于小班幼儿身心发展的局限性，他们不能对舞蹈形象的外在美进行自我教育、自我感染，他们只需要掌握基本的情感表达方式。而舞蹈这种细腻的情感表达方式所创造出来的意境亦是小班幼儿最容易理解和接受的。因此，在小班舞蹈教学中，"情"之一字尤为重要。短小、形象、生动、活泼有趣的舞蹈，会使幼儿感到亲切，这对于发展他们学习舞蹈的主动态度会产生积极的作用。

五、小班幼儿舞蹈教学应注意的问题

（一）强调游戏化的教学方式

小班幼儿的认识活动直接依赖于行动，也就是说他们的认识活动非常具体。他们只能理解具体的、直观的事情，不会做复杂的分析和逻辑推理。因此，在教学过程

中，我们需要强调"边做、边教、边学、边玩"，这样的教学，可以让他们学得轻松、学得愉快。

教育家说过："玩具是幼儿的天使，游戏是幼儿的伴侣。"幼儿就是在游戏中、在玩儿中一天天长大和进步的。教师应采用游戏化的舞蹈教学形式，充分将此年龄段幼儿"边做边学"或"先做后学""边学边玩"的行为与自己的实践教学相结合，给予幼儿用肢体语言来表达自己情感和思想的机会。在舞蹈教学中融入游戏或者直接把它设计成游戏，让幼儿大胆地尝试、积极创造，不仅能将他们已获得的知识加以发挥和利用、发现并探索新的知识，还会使简单重复的练习变得生动、枯燥的学习变得有趣。我们何不让幼儿在玩儿中收获知识与技能呢？

（二）强调舞蹈动作的易模仿性

爱模仿是小班幼儿的重要特点，也成为这个时期幼儿学习的重要手段，他们正是在模仿中成长的。模仿不仅可以成为他们的学习动机，也可以成为他们学习他人经验的手段。通过对幼儿有目的、有计划的模仿训练，可以提高幼儿对启蒙舞蹈语汇的自我感悟能力，丰富幼儿对舞蹈表现艺术粗浅的感性认识。基于此，要求舞蹈教学中的动作要简单，生动直观，易于幼儿模仿和学习。另外，在教学中，教师富有感染力的示范动作也十分重要。优美、形象的教师动作可以帮助幼儿更好地掌握动作要领、理解动作内容。

如小班舞蹈律动《小手拍拍》："小手拍拍，小手拍拍，手指伸出来，手指伸出来，眼睛在哪里，眼睛在这里，用手指出来，用手指出来——（鼻子、嘴巴、耳朵）。"在活动中，朗朗上口的歌词，简单的肢体动作，再配合教师极富表现力的示范性教学，给了幼儿充分的学习模仿和表现时间。动作的易模仿性，可以启发幼儿自始至终以联系情感的方式来学习舞蹈，也使得幼儿在"边学边做"中完成了从模仿动作到掌握动作的学习过程。

（三）弱化舞蹈动作的规范性

小班幼儿刚刚接触到舞蹈，并没有对舞蹈产生具体认识，舞蹈的启蒙教育在这个时期是非常重要和关键的，如果在课程中给幼儿留下了不好的印象，就会对他们以后的舞蹈学习产生消极的影响。教师在教学中要为幼儿创造一个自由、宽松的舞蹈教学环境，支持、鼓励、吸引幼儿与同伴用肢体动作进行交流，体验交流的快乐。

小班阶段幼儿舞蹈的训练，都以培养兴趣与初步尝试为主，不要求幼儿表演得多么出色，不过多强调舞蹈技能。此时舞蹈活动的目的只是让幼儿意识到舞蹈肢体动作带给他们的快乐，学会自如地展示他们的身体。因此，在教学过程中，教师不应过多强调舞蹈动作的规范性，如果一味追求动作质量或是练习效果，会使幼儿失去学习兴趣，甚至产生厌倦心理。

（四）激活幼儿已有的生活经验

舞蹈动作来源于生活，但又与日常生活动作不完全等同，它有着自身的特点。无论是叙事舞蹈中的行为动作，还是抒情舞蹈中的情态动作，以及幼儿最喜爱的模仿各种动物形象，都必须在生活原型上进行提炼、组织和艺术加工。

小班幼儿对于日常生活的状态还不能形成视觉性的动作体验，只有通过观察教师的身体体态形状，并结合教师的引导，才能在他们的头脑中获得动作感，形成鲜明的"动作符号"。而作为一名教师，我们不是要牵着幼儿的鼻子走，只单纯地停留在教师"教"和幼儿"学"上。它需要激活幼儿已有的生活经验，启发他们学习的积极性、主动性和创造性。在舞蹈中给幼儿一个自由想象、创造的空间，会使他们产生对舞蹈教学活动的喜爱之情。

（五）对待幼儿应以鼓励、表扬为主

美国心理学家威廉·詹姆斯（William James）说："人性中最深切的禀质，是被人赏识的渴望。"表扬是肯定、强化幼儿好的思想、行为，鼓舞、帮助孩子建立自信，促使他们获得喜悦、满足、自尊、自我欣赏等情感体验的重要方法。小班幼儿的感情比较脆弱，心理承受力差，教师一定要耐心鼓励、安慰幼儿。在教学中，教师一句赞美的话语、一个鼓励的眼神，传递给幼儿的将会是成功的乐趣，这是他们最好的精神食粮。

教师不仅是教学的组织者、指导者，还要是观察者和启蒙者。应该多留心幼儿在舞蹈学习中的表现，及时发现他们的哪怕是一个小小的进步、一个闪光点，适时、适度、适当地给予肯定和表扬。孩子的自信和成功的欲望就在真诚的期待和鼓励表扬中逐渐增强。

● 第二节　中班幼儿舞蹈的教学特点 ●

随着幼儿各方面能力的发展，对于中班幼儿舞蹈教学要求也有了更高的标准。在舞蹈中，教师应更好地帮助幼儿理解音乐作品的情绪，引导幼儿用肢体动作表现不同性质的音乐，还应要求幼儿的舞蹈表现从"一般性表现"到"生动性表现"过渡，并在表演舞教学中给幼儿留有提升动作表现、情感表现的时间和空间。

 案例导引3-2

中班舞蹈《两只小象》。"两只小象河边走呀，扬起鼻子勾一勾呀；就像一对好朋友呀，见面握握手见面握握手。"这首歌曲的旋律亲切、优美，使人感受到幼象笨拙可爱的形象、姿态，歌词则简单地描述了作为一对好朋友的两只小象用长鼻子互相问好，一同在河边嬉戏的友好情景。在舞蹈教学活动中，教师可以通过激发幼儿已有的生活经验，如小象走路、甩鼻的形态特征，引导他们用肢体动作表现出来。在这个过程中不仅加强了幼儿对音乐节奏、音色、旋律等音乐要素的感受能力，也使他们的音乐表现力、想象力和创造力得到进一步发展。

一、中班幼儿舞蹈动作的编排

幼儿园中班是幼儿三年学前教育中承上启下的阶段，也是幼儿身心发展的重要时期。此时幼儿的动作发展经历了从整体动作到分化动作、从大肌肉动作到小肌肉动作的发展过程。由于中班时期幼儿的小肌肉动作处在发展的最重要时期，而他们的生活、学习和游戏都有赖于小肌肉动作，并以其作为基础和外在表现形式，因此应加强中班幼儿小肌肉动作的训练。如多做些发展手臂、手指灵活以及手眼协调、指尖和手指伸展等局部的动作，使手的动作的力度、速度、精度、灵活性、节奏感、协调性和自我调控能力都得到不同程度的发展与提高。[①]

另外，中班幼儿动作的稳定性和身体的协调性也都有了进一步的发展，增强了有效控制身体肌肉活动的能力，其骨骼和关节也较为灵活些，这使幼儿对动作本身有了一定的兴趣，此时教师可以对幼儿动作的规格进行较高标准的要求。

二、中班幼儿舞蹈音乐的选择

经过了小班阶段音乐能量的累积，中班幼儿对于音乐的感觉已经很丰富了，此时

---

① 张雯雯. 发展中班幼儿小肌肉动作的几种做法[J]. 山东教育(幼教版)，2000 (Z5).

他们的节奏感已经出现，能够体会音乐中安静、热烈、优美、雄壮、急促、缓慢等不同的节奏类型。为了便于幼儿的理解和掌握，为中班幼儿舞蹈教学所选择的歌曲或乐曲应该符合节奏鲜明、旋律流畅、音乐形象具体、歌词通俗易懂等特点，让孩子们一听到音乐的节奏，就有一种想随乐起舞的冲动。

比如说《小青蛙回家》。这首乐曲旋律活泼、节奏鲜明，比较生活化，非常符合中班幼儿的年龄特点。其中歌词"跳跳跳，呱呱呱，跳跳跳，呱呱呱，小青蛙回到了家——呱"，充满说唱情趣，幼儿连带着肢体动作表现小青蛙可爱的跳跃形象，陶醉其中，乐此不疲。这种适宜中班幼儿身心发展特点且又有趣的音乐素材可以成为激发幼儿学习兴趣的"催化剂"，孩子们在有情、有趣的游戏中愉快地感受，积极地发现，快乐地学习。

三、中班幼儿舞蹈教学时间的安排

中班幼儿仍以无意注意占优势，但是有意注意在逐步发展，呈现出无意注意向有意注意转化的趋势。中班时期幼儿的心理活动水平、神经系统等方面得到了进一步发展，兴奋和抑制过程都有较大的改善，集中精力从事某种活动的时间也较以前延长。这些因素使得他们提高了课程学习的持久性、目的性和专注性。

为了提高中班幼儿的有意注意时间，教师可以给幼儿明确需要完成的任务，因为任务越明确，幼儿完成任务的愿望就越迫切，他们的注意相对就能集中和持久。另外，对中班幼儿来说，他们的注意力在一定程度上直接受兴趣和情绪的控制，因此教师要把提高幼儿的兴趣作为舞蹈教学的出发点。研究表明，中班幼儿舞蹈教学时间安排在10～15分钟为宜。

四、中班幼儿舞蹈教学目标的制定

中班的幼儿，对音乐已经有了初步的印象，他们能根据音乐的节拍做相应的动作。但是他们在做动作时还需要教师的提醒，对节奏的感知还没有真正落实到自身的身体里，其节奏的准确性有待于进一步训练和培养。因此，节奏感训练应作为中班幼儿舞蹈教学中的重点。

另外，研究表明，4-5岁（中班）是幼儿坚持性发展的关键年龄，这个时期的幼儿大脑皮质的抑制功能逐渐完善，兴奋与抑制过程渐渐趋于平静，同时自我意识也在逐渐发展，这些都为幼儿坚持性的发展奠定了生理和心理基础，因此，需要教师对幼儿舞蹈学习的稳定性、坚持性等方面进行合理的控制与引导。

五、中班幼儿舞蹈教学应注意的问题

（一）让幼儿学会"听"音乐

中班幼儿已经初步积累了音乐要素和音乐经验，要想更好地完成中班幼儿的舞蹈教学活动，增强他们学习活动的主动性、自主性，就需要教师带领幼儿了解音乐作品的内涵，包括音乐的节奏、乐句、乐段、速度、力度、表达的情感、表现的意境等，以此引起幼儿积极的联想，并通过联想使音乐与自身的动作相联系，把象征性的音乐具体化。

为了提高中班的舞蹈教学动作质量，在做动作之前的音乐欣赏环节中，教师可以让幼儿自己发现音乐的特点，包括节奏和内容。如有的音乐欢快活泼，要让幼儿从中感受到愉快的情绪；有的音乐雄壮有力，要让幼儿感受到坚强热烈的情绪……只有感受了、理解了，他们才能在学习的过程中把握住这些特点。另外，在授课过程中，教师还要及时提醒幼儿用心听音乐、用动作表现音乐，告诉他们只有符合音乐特征的动作才是美的。可以说，音乐和舞蹈是一对"好朋友"，它们之间的互补有利于舞蹈教学工作的开展。

（二）注意调动幼儿的情绪情感

中班幼儿的情感有逐步丰富和深刻化的趋势，表现出了更高级的情绪情感表达方式，他们已经可以从简单的喜、怒、哀、乐上升到道德感的体验。中班幼儿的年龄特点决定了他们的情绪情感易被调动，教师正是要利用这一特点进行合理化教学。

首先，教师对舞蹈作品情感的理解与表现，要深入幼儿心中，使幼儿能够理解与接受。这是因为幼儿的情感发展与幼儿的生活经验的多少有直接关系，只有真正符合幼儿的发展和需要的作品，才能让幼儿获得良好的情感体验。其次，教师要给幼儿创设平等、和谐、愉快、宽松的氛围，这之中教师说话的语气、教学方法、教学态度及活动设计都是重要的因素。最后，教师要关注幼儿的情感体验，给他们表达与表现的机会，给他们想象与发挥的空间，尊重他们的情感。教师应该根据幼儿的表现方式和技能给予适时适当的指导，这样不仅能调动幼儿积极主动地参与活动，使他们的想象力得到发挥，还会因教师鼓励的话语和表情，让他们体验成功的喜悦。

（三）鼓励幼儿创造、积累舞蹈语汇

中班时期的幼儿对于事物或者活动的兴趣很多是由外部因素激发的，如当他们听喜欢的、好听的音乐时，会自然而然地摇头晃脑、手舞足蹈，这是他们的生理和心理同时得到满足而产生强烈反应的表现。因此，教师在教授中班幼儿舞蹈时，就应该顺

势而为，先让他们从心理上感受、理解舞蹈，再从生理上表现舞蹈。而当幼儿表现出用肢体表达情感的意愿时，所困扰他们的可能就是舞蹈语汇的匮乏，那么，如何丰富幼儿的舞蹈语汇呢？这就是教师应当做的工作——鼓励、引导幼儿从生活中采集、积累、创造舞蹈语汇。如向幼儿提问："小鱼是如何在水里游的？花儿是怎样开放的？小猴子最喜欢做什么动作？刮大风时柳枝是怎么摆动的？"等等。由于中班的幼儿已经有了一些生活常识和体验，因此只要教师加以合理的引导，他们就能将这些现象用舞蹈语汇表现出来。通过这个教学环节，就会发现中班的孩子们已经不局限于过去的模仿阶段，而是积极地随着音乐的旋律和节奏充分发挥自己的想象，享受着舞蹈教学活动带来的快乐。

第三节 大班幼儿舞蹈的教学特点

随着身体的成长和神经系统的成熟，大班幼儿的各方面能力都有所增长，他们在舞蹈中已经不是简单、机械地用肢体直接模仿或者再现音乐作品的内容，而是已经可以运用已有的知识经验，通过头脑加工进行角色的再造想象和创造想象。此时，教师可以将比较复杂的动作融进舞蹈教学活动中。在要求大班幼儿准确把握音乐节奏的同时，也要有肢体的协调、情绪的协调配合等。

案例导引3-3

大班幼儿舞蹈《小白船》。这首歌曲的旋律优美、舒缓，歌词形象、生动。教师可以从听觉感受入手，先让幼儿聆听《小白船》的歌曲，创设幽静恬美的教学氛围。在歌曲中，作者把弯弯的月亮比喻成小白船，船里面还有桂花树和小白兔……这些巧妙的比喻，把孩子们带到一种梦幻、优美的意境中。在欣赏歌曲之后，教师就可以调动幼儿已有的知识经验和想象力来完成舞蹈的创作。首先帮他们用语言描绘出一幅美好的、生动的"月亮船"景象，让幼儿对神奇奥妙的大自然充满了向往之情，然后再启发他们用肢体并融入自己的情感表达出作品的意境。这个极富创造力和想象力的舞蹈教学过程，不仅培养了幼儿对音乐和舞蹈的感受力、表现力，也提高了他们的审美情趣。

一、大班幼儿舞蹈动作的编排

从生理上来说，大班幼儿神经系统发育比较迅速，大脑皮层各区域的暂时联系及神经细胞分化作用已加强，形成条件反射的能力和各分析器官的机能也有明显的提高。国外有人根据实验的结果认为：6-7岁是发展机能的重要阶段，其准确性、协调性、灵敏性、反应速度及模仿能力、理解能力等迅速发展，因此，可以要求这个时期的幼儿在灵敏、速度、弹跳、力量等身体素质和意志力方面获得相应的提高。那么，具体到舞蹈教学活动中幼儿的身体又是怎样的呢？概括地说，这个时期幼儿的肌肉和关节的强度增强了，细小动作的灵活性以及动作的稳定性有了很大的提高，对于身体的平衡和重心也有了一定的控制能力。因此，可以为幼儿开展一些有一定力度及复杂的舞蹈活动，教师可以在节奏和基本动作标准的基础上对他们进行动作规格的细致要求。

另外，大班幼儿的思维水平也有了进一步的发展，虽然他们的思维还是以具体形象为主，但是却出现了抽象逻辑思维的初步萌芽，表现为大班幼儿已经可以集中精力地模仿和学习简单抽象的舞蹈动作。教师可以通过舞蹈教学活动，激励幼儿大胆地尝试，使他们获得深层次的情感体验，感受舞蹈活动的乐趣。

二、大班幼儿舞蹈音乐的选择

大班幼儿对音乐的感受能力和理解能力有了很大的进步，随着音乐经验的不断丰富和积累，他们已经能感知音乐作品中的细节部分，如情绪、性质等，同时也能够对音乐形象鲜明的同类音乐作品进行分析和归类。有研究表明：大班幼儿的动作已能和音乐完全一致，其中大部分的幼儿会感觉音乐的基本节拍，可以随节拍的快慢或渐快渐慢改变动作的速度，他们甚至能在动作中体现节拍重音。具体来说，他们已经能够清晰地辨别出音乐中音调的高低、长短，不同的节奏时值，乐句的长短，音乐的开始和结尾，音乐的整体和部分的关系，以及声音的力度、强弱的变化等，并能用相应的肢体语言表现舞蹈的风格特点和内心的情感。因此，对于大班幼儿的舞蹈教学活动的音乐选择可以是多样的。儿童歌曲、民族音乐、古典音乐或仅仅是鼓点的打节拍、无伴奏的小儿歌、有韵律的诗词等等都可以尝试使用。

三、大班幼儿舞蹈教学时间的安排

大班幼儿大脑皮层细胞发育迅速，他们的无意注意已高度发展并且相当稳定，有意注意也正迅速发展，其中大部分幼儿已经能够按照教师的要求去组织自己的注意，并能根据教师的要求或自己确定的任务，自觉调节自己的心理活动和行为。此时的他们对于有兴趣的活动，能比中班幼儿保持更长时间的注意。

这一阶段的幼儿，对于感兴趣的舞蹈教学，不仅可以了解主要内容，还可在教师提示下自觉地去注意舞蹈中的细节和衬托部分，对自己的情感、思想等内部状态也能予以注意。如他们可以根据自己的体验去推测舞蹈中人物的心理活动和内心想法等，这些发展变化可以适时地延长他们有意注意的时间。研究表明，大班幼儿舞蹈教学活动时间安排在15～20分钟为宜，并且活动的强度也可以适当加大。

四、大班幼儿舞蹈教学目标的制定

大班幼儿处在想象力、创造力非常丰富的年龄阶段，他们已积累了一定数量的表象，对事物的接受、理解能力也较中班幼儿要强。因此，发展想象力和创造力就成为大班幼儿舞蹈教学的主要目标。

大班幼儿想象力、创造力的发展表现在舞蹈教学中是怎样的呢？首先，就是动作的发展。动作的发展包括手的动作的发展、行走动作的发展和运用物体动作的发展，这些动作的协调发展促进了幼儿知觉能力和具体思维能力的发展，扩大了幼儿认识的范围，使知觉更加具有概括性，并为表象和概念的产生提供了条件，为创造力的形成和发展提供了条件。而正是由于大班幼儿动作的良好发展，使他们具备了对动作有再分析的能力，并能通过自己的理解加上表情语言、情绪等增强舞蹈的表现力。因此，教师可以对他们的舞蹈基本动作的规范性、表现力、表达舞蹈内涵等方面有进一步的要求。

五、大班幼儿舞蹈教学应注意的问题

（一）适当强调动作的规范性

大班幼儿通过之前的舞蹈实践，对舞蹈动作的理解力有了提高，对训练时动作中存在的毛病进行自我纠正的能力亦相应提高。这时，教师可以因势利导对幼儿进行必要的和适量的舞蹈动作理论分析，如强调动作的名称、要领、规格与标准，以及做这个动作时容易出现的问题、怎样去克服、如何去纠正以及相关知识的传递等。让幼儿在实践的基础上对动作从感性认识向理解认识转化，可以较好地达到动作的规范性要

求。当幼儿的舞蹈动作比较规范化后，即能舞出舞蹈的神韵，与此同时，也能获得对舞蹈艺术的美好体验，以提高他们的审美能力。

（二）适当强调舞蹈的表现力

在日常的舞蹈教学中，教师可能将大部分的注意力都集中到怎样让幼儿模仿好具体的舞蹈动作上，常常忽略了孩子们做动作时的面部表情特征和情绪情感的表达。事实上，每一个舞蹈作品都有其要表达的情感和思想，也就需要表演者有相应的情绪情感的配合。如果表演者缺乏情感的投入，即使动作模仿得再像，也是没有生命力的。

大班的幼儿已经有了一定的表达情感的基础，因此，教师要注意提醒幼儿在舞蹈时把动作和表情统一起来。如告知幼儿在表现情绪欢快的舞蹈时，动作要轻快、表情要喜悦；表现抒情的舞蹈时，动作要舒展、表情要柔和等，这些经验的积累能为幼儿表演舞蹈时正确表达情感打下坚实的基础。

（三）适当增加道具的使用

道具是幼儿舞蹈作品形象的有力媒介，是展现舞蹈立意、渲染气氛的有力工具，是展现环境、推动情节的前提，是展现新奇性、趣味性的辅助材料。道具与舞蹈的结合，给人以美的感受，使人走入想象的空间，成为传情达意的中间媒介。在大班幼儿舞蹈教学过程中，为了激发幼儿的学习兴趣和表演情绪，可以适当增加道具使用的环节。如可以使用带有一定节奏性的小鼓、小铃，还可以使用头饰以及其他相关道具等，以增强幼儿的学习兴趣。

以舞蹈《加油歌》为例。教学中就可以用道具材料——带穗儿的小棒。幼儿手持小棒舞动，给人以视觉上的跳跃感，而亮闪闪的穗儿在幼儿充满激情的舞动中，又是那么的光芒耀眼。这一道具的使用将孩子们的表演气氛渲染到最高境界，淋漓尽致地展现了幼儿在赛场上为伙伴们加油的欢乐情景。合理地运用道具一方面能增强舞蹈的生动性，另一方面也激发了幼儿的表演欲望，可以达到事半功倍的教学效果。

（四）创设自主性的舞蹈空间

大班幼儿已经做好了具有想象力和创造性活动的准备。因此，在舞蹈活动中，教师要给幼儿提供自由表现的空间，鼓励幼儿大胆地表达自己的情感、理解和想象，适当地让幼儿经由自己的想象来创造舞蹈动作。只有给幼儿一个开放的自主性舞蹈空间，幼儿才会展开想象的翅膀，积极主动地投入情境中表现自己的情绪情感。这种学习方式，不仅给他们带来了成功感与满足感，也为他们自然地表达美、表现美打下了基础。

为幼儿创设自主性的舞蹈空间益处很多。其一，可以很好地体现幼儿的主体地位。幼儿在宽松的氛围中自主、积极、主动地去跳舞，能更好地体验和感受舞蹈带给他们的快乐。其二，可以很好地发展幼儿的创造力。幼儿的动作、表情不再拘泥于一个模式，摆脱了"模仿"的束缚，有了发挥想象的空间，给舞蹈注入了强烈的个人色彩。其三，有利于教师的因材施教。为教师提供了观察、了解幼儿的机会，便于教师对幼儿的舞蹈表现有更为客观的认识，更好地开展教学。

 话题小结 ···

幼儿舞蹈教育教学的科学化，是实现舞蹈教育的最终目的的前提和基础。因此，幼儿舞蹈教学训练必须针对幼儿的生理、心理发展特点的具体情况而定。

由于小班幼儿年龄较小，对音乐的理解和肢体表达能力有限，对舞蹈的认识也是肤浅的，在他们的内心世界里快乐是最重要的。因此，培养舞蹈学习的兴趣就成了小班幼儿舞蹈教学的主要目的。随着幼儿各方面能力的发展，对于中班幼儿舞蹈教学要求也有了更高的标准，要求幼儿的舞蹈表现从"一般性表现"到"生动性表现"过渡，并在表演舞教学中给幼儿留有提升动作表现、情感表现的时间和空间。大班时期的幼儿各方面能力又都有所增长，他们在舞蹈中已经不是简单、机械地用肢体直接模仿或者再现音乐作品的内容，而是已经可以运用已有的知识经验，通过头脑加工进行角色的再造想象和创造想象。在要求大班幼儿准确把握音乐节奏的同时，也要有肢体的协调、情绪的协调配合等。

自我评量 ···

一、简述题

　　1.如何为小班幼儿编排舞蹈动作？

　　2.如何为中班幼儿编排舞蹈动作？

　　3.如何为大班幼儿编排舞蹈动作？

　　4.如何为小班幼儿选择舞蹈音乐？

　　5.如何为中班幼儿选择舞蹈音乐？

　　6.如何为大班幼儿选择舞蹈音乐？

　　7.如何为小班幼儿安排舞蹈教学时间？

　　8.如何为中班幼儿安排舞蹈教学时间？

9. 如何为大班幼儿安排舞蹈教学时间？

10. 如何为小班幼儿制定舞蹈教学目标？

11. 如何为中班幼儿制定舞蹈教学目标？

12. 如何为大班幼儿制定舞蹈教学目标？

二、论述题

1. 小班幼儿舞蹈教学应该注意什么？

2. 中班幼儿舞蹈教学应该注意什么？

3. 大班幼儿舞蹈教学应该注意什么？

|第四章|

幼儿园舞蹈教学方案设计

学习目标

1. 了解和掌握幼儿园舞蹈教学活动目标的设计。
2. 了解和掌握幼儿园舞蹈教学活动的准备。
3. 了解和掌握幼儿园舞蹈教学活动的导入。
4. 了解和掌握幼儿园舞蹈教学活动的实施。
5. 了解和掌握幼儿园舞蹈教学活动的延伸。

● 第一节　幼儿园舞蹈教学活动目标的设计 ●

　　明确的、适宜的教学活动目标，是教师发挥主导作用的依据，也是对活动进行评价的依据。幼儿园舞蹈教学活动目标的设计对制订教学计划、组织教学内容、明确教学方向、确定教学重点、选择教学方法、安排教学过程等起着重要的导向作用。

案例导引4-1

　　幼儿表演舞《摘葡萄》。这个舞蹈表现了新疆地区的小朋友在葡萄丰收了之后，去果园里采摘葡萄的美好场景。在教学中，教师如何设定它的教学目标呢？首先是知识目标，让幼儿了解《摘葡萄》是一段新疆舞，知道新疆是葡萄的盛产地以及葡萄的用途、种类等；其次是能力目标，让幼儿学会舞蹈的基本

动作，"翻腕""进退步""垫步"；最后是情感目标，激发幼儿对新疆舞蹈的喜爱，大胆地表现自己的情感和体验。

一、什么是幼儿园舞蹈教学活动的目标？

教学活动的目标是开展教育活动的出发点和归宿，它规定教育活动预期获得的某种效果，有助于教师把握幼儿发展和教育活动的方向。教学活动目标是教学活动中的内容选择、方法运用、过程设计、组织实施以及效果评价的依据。

幼儿园舞蹈教学活动目标是指教师对幼儿在舞蹈教学活动中的学习及结果的预期，是幼儿舞蹈教育目的的具体化。合理、有效且切合实际的幼儿园舞蹈教学活动目标可以规范和匡正教师和幼儿的课堂行为，引领课堂教学走向有序和高效。

二、制定幼儿园舞蹈教学活动目标的意义

教学目标被看作是教学活动的第一要素和基本前提，是贯穿教学活动过程的线索，它对教学起着控制作用。要提高幼儿舞蹈课堂教学活动的有效性，只有制定有效的教学目标，并在有效教学目标的指引下，选择合适的教学方法，进而提高课堂教学效益。

教师是教育活动的组织者，也是教育活动方向的把握者。那么，合理地制定幼儿舞蹈教学活动的目标对于教师的教学活动有哪些意义呢？首先，可以帮助教师选择适宜的、有价值的舞蹈教学内容，并灵活运用各种教学方法和手段，创设利于幼儿发展的舞蹈教学环境。其次，可以控制和指导舞蹈教学的整个过程。舞蹈教学过程是一个多因素参与的过程，涉及教师、幼儿和活动材料三个因素之间的关系，而教学目标可以很好地协调、平衡好它们之间的关系。最后，可以明确舞蹈教学评价的标准。舞蹈教学目标规定了舞蹈教学内容及幼儿发展的要求，教学目标的制定，不仅可以衡量幼儿的学习效果是否达到了预期的标准，还可以衡量教师的教育是否有效。

三、制定幼儿园舞蹈教学活动目标应注意的问题

（一）应该具体化

制定具体清晰且操作性强的教学目标，是保证课堂教学有效性的重要因素之一。在日常教学中，教学目标表述得空而泛的现象普遍存在。那么，如何确定幼儿舞蹈教学活动中教学目标的制定是具体化的呢？简而言之，就是要说明通过教学活动后幼儿能会什么？

任何教学活动都有核心领域的核心价值，教师在制定目标时要对教学素材所蕴含的各种教育要素进行分析推敲，对教材中各种教育点的取舍反复思考，挖掘其促进幼儿全面发展的核心价值，把握目标的准确定位。教师切不可为了形式上的花哨，先想环节再定目标，本末倒置。

例如，在小班律动舞蹈教学活动"小鸭嘎嘎"中，教师有可能设计如下目标：让幼儿了解小鸭子的走路特征；在活动中，引发幼儿喜爱鸭子的美好情感，或者提高幼儿的欣赏力、感受力和表现力；能积极参加活动，感受集体活动的快乐；等等。这个教学目标的制定对于后面教学活动设计的方向性就不够明确，另外，关于情感方面的具体要求也不清晰，其教学目标可以套用到任何一个教学活动中。建议调整为："能够了解小鸭子的走路特征；能够按照口令模仿小鸭子走路、游泳的交替动作；体验模仿鸭子走路的乐趣。"调整后的目标可以看出需要幼儿在活动中运用肢体语言来表现小鸭子的行走、游泳特征，具有具体指向性，凸显了活动的主要核心和特质。

教学目标的具体化，一是可以为教师的教学活动提供依据和指导；二是可以为幼儿学习效果的评价提供依据。

（二）应该适宜幼儿的发展水平

《幼儿园教育指导纲要（试行）》（以下简称《纲要》）指出："教育活动目标要以《幼儿园工作规程》和本《纲要》所提出的各领域目标为指导，结合本班幼儿的发展水平、经验和需要来确定。"言下之意就是幼儿身心发展特点和原有知识经验水平等因素是确定具体活动目标的根本依据，教师在制定具体活动目标的时候要考虑幼儿的原有水平和近期可能达到的水平，也就是确定适宜的"最近发展区"，从而制定适宜的活动目标。既要确保目标具有一定的难度和挑战性，又要考虑不能超出幼儿的能力范围，既要保证幼儿能够达到或完成预先确定的目标要求，又要能够避免其在低水平上的简单重复，这样才能真正有效地促进幼儿的发展。

在幼儿舞蹈教学中，目标作为对活动要求的预先设定，必须考虑幼儿的认知结构和能力水平。幼儿不能有效完成或轻易即可完成的目标要求均是没有意义的。为此，教师应充分了解和尊重幼儿的个别差异，进而确定幼儿参与此次活动的提升点。

如中班幼儿律动舞蹈《开火车》中，教师预设的目标之一是"在平踏步的过程中能准确地合上音乐节拍"，这个目标的设定就没有照顾到幼儿之间的能力差异。有的幼儿节奏感较强，合上节拍对于他们来说并非难事，他们很快会因为缺乏挑战性而失去兴趣；而有的幼儿节奏感较弱，反复的、单一的练习步法也未见得能准确地合上节拍，反而会让他们因遭受失败和挫折对教学活动失去兴趣。因此，教师可以对音乐做适当的调整，分为快和稍慢的节奏型，并设定这样的目标"能根据自己的能力选择适合的节奏，合上节拍做动作"，这样可以让每个幼儿都能在挑战自我的过程中体验到成功感，感受到学习的快乐。

（三）应该确定维度的合理性

教学目标由三个维度来确定：知识与技能、过程与方法、情感态度与价值观。这是国家对基础教育质量指标所作的基本规定，是新课程标准为描述学生学习行为变化及其结果所提出的三个功能性的基本要求，简称三维目标。

结合幼儿舞蹈教学活动，首先说知识与技能目标，它是对幼儿舞蹈课程学习结果的描述，即幼儿通过学习所要达到的结果；其次是过程与方法目标，是指幼儿在教师的指导下，获取舞蹈基本知识和技能的程序和具体做法；最后是情感态度与价值观目标，是指幼儿对舞蹈教学过程或结果的体验后的倾向和感受。

在制定幼儿舞蹈教学活动具体的教学目标时，应强调围绕教学活动的内容来设计，以知识与能力作为外在表现形式，在达成知识与能力目标的同时，也实现过程与方法、情感态度与价值观等内在目标的逐步达成。

现代的教育观和儿童观需要教师不仅要注重幼儿知识和技能的学习，还要对幼儿进行情感方面的目标关注。理想的活动目标是将三个维度整合到一起，分析教材、分析幼儿，在活动中充分考虑挖掘多方面的教育价值，进而促进幼儿多方面的发展。

（四）应该明确立足的角度

就教学活动目标的制定而言，教师应以幼儿在活动过程中以及结束后所获得的发展和变化为出发点，即目标应反映教师对活动促进幼儿身心各方面素质发展的方向和程度的预期。也有研究认为教学目标的制定应从以下三个角度提出：一是从教师的角度提出目标，强调教师的教育行为；二是从幼儿的角度提出目标，强调在教师影响下幼儿发生的变化；三是重在评价教育成效和幼儿发展的水平，使目标成为一种尺度。无论怎样，以上论述已经明确地告诉我们教师在制定教学活动目标时应该立足于角度的一致性。

在实践中，有的教师在制定目标时，时而站在幼儿的角度，时而站在教师的角度，导致目标表述方式缺乏条理性。例如，在中班表演舞活动"小小牵牛花"中，教师设计的活动目标是："了解牵牛花的形态特征；学会用肢体表现牵牛花的形态特征；让幼儿体验舞蹈学习的快乐。"在这个教学目标中，第一、二条目标是从幼儿的角度来提的，第三条目标却是从教师角度出发进行表述的，前后缺乏统一性，显得比较凌乱。基于以上分析，目标可修改为"了解牵牛花的基本形态特征；学会用肢体表现牵牛花的形态特征；体验舞蹈学习的快乐"——站在幼儿的角度上描述；或者"让幼儿了解牵牛花的形态特征；让幼儿学会用肢体表现牵牛花的形态特征；让幼儿体验舞蹈学习的快乐"——站在教师的角度上描述。总之，应该强调的是保持教学目标表述的一致性。

● 第二节　幼儿园舞蹈教学活动的准备 ●

幼儿园舞蹈教学活动在幼儿园教学活动中发挥着不可替代的作用，它以自己独特的魅力，吸引着幼儿进入美妙的舞蹈艺术殿堂。在教学中，要想激发幼儿学习舞蹈知识的兴趣，引导幼儿对舞蹈世界进行深入的探究，教师课前的精心准备工作必不可少，它是舞蹈教学活动成败和教育效果好坏的关键因素。

 案例导引4-2

幼儿表演舞《摘葡萄》的教学活动准备。首先，教学活动前请家长指导幼儿通过多种渠道了解关于葡萄的知识，适量地品尝不同品种的葡萄，能用较完整的语言描述自己的感受和经验；其次，提供新疆地区的风土人情及葡萄的有关多媒体课件；最后，提供葡萄的实物及酿制的葡萄酒。

一、什么是幼儿园舞蹈教学活动的准备？

教学是有目的、有计划的活动，教学准备作为教学活动的正式内容，是完成教学活动的重要组成部分。在幼儿舞蹈教学活动中，幼儿的精神状态、学习期待、参与态度、对学习内容的解读各不相同，而教师的教育观、性格、经验也各具特色。因此，要完成具有实效性的舞蹈教学活动，课前的充足准备就显得必不可少。只有做好教学准备，教师才能在头脑中有计划、在教学中有自信，也才能使教学活动进行得有条不紊，游刃有余。教学活动的准备关系到教学活动的质量和效果。

二、幼儿园舞蹈教学活动准备的具体内容

（一）幼儿知识经验的准备

一个成功的幼儿舞蹈教学活动是建立在幼儿已有的知识经验基础之上的、幼儿群体共同探索的、运用幼儿群体资源优势相互学习的活动。因此，教师在备课时一定要考虑到幼儿已有的知识经验，这样才能使舞蹈教学活动与幼儿相适应，才能贴近幼儿，才能与幼儿心里期望的学习活动相吻合。

如可以在学习幼儿表演舞《吹泡泡》之前，告诉幼儿将要进行的活动主题与内容，使幼儿在活动前主动做好准备。这样在教学活动中，教师就可以提问："你们吹过泡泡吗？泡泡是什么形状的？它们的大小一样吗？泡泡最后怎么样了？"此时，教师可以播放歌曲《吹泡泡》："吹呀，吹泡泡，有大也有小，飞呀飞上天，飞呀飞上天，咦？泡泡不见了？"听到了如此有趣的歌曲内容，再联想到已有的知识经验，幼儿在表演起舞蹈来就会得心应手。

这种利用幼儿已有的知识经验的准备活动可以让师幼之间形成有效的互动，能大大增强活动的效果。

（二）活动材料的准备

《幼儿园教育指导纲要（试行）》指出："提供丰富的可操作的材料，为每个幼儿都能运用多种感官、多种方式进行探索提供活动的条件。"活动材料的准备可以使抽象的知识具体化、直观化、形象化，较好地制作演示教具可以帮助孩子理解和掌握所学知识，提高课堂教学效率。可以说，活动材料的使用是在新课程改革下幼儿园教学活动中必不可少的辅助教学手段，它对于教学活动的成功与否起着举足轻重的作用。

在幼儿舞蹈教学活动中，选择和设计活动材料同样重要，它不仅能增强课堂教学的形象性、生动性，使课堂更加活跃和精彩，还可以使幼儿更加明了、快速地理解掌握舞蹈学习的内容。活动材料的使用处理得恰到好处，也会让教师智慧的火花成为课堂中的一抹亮色。

如教授幼儿表演舞《小闹钟》。教师可以事先准备活动材料——闹钟。在活动伊始，让幼儿仔细地观察闹钟指针行走的特点——顿挫状，以及闹钟的行走路线——顺时针方向。这样在教学中，教师可以就幼儿的舞蹈动作状态是否具有形象性进行评价，以期更好地引导幼儿表现舞蹈。

（三）教师情感的准备

在幼儿舞蹈教学活动中，情感与技能是相互交融的，情感是技能学习的动力和基

础，技能是体验情感的手段和途径。只有教师情感准备充分，才能调动起幼儿的积极情感，活跃孩子的学习情趣，增强活动的气氛。也只有如此，幼儿的表达才会是生动的、富有激情的。

如教授小班幼儿歌表演《上学歌》。"太阳天空照，花儿对我笑，小鸟说早早早，你为什么背上小书包？我去上学校，天天不迟到，爱学习爱劳动，长大要为人民立功劳。"由于小班幼儿刚刚进入幼儿园，开始他们新的生活，面对新的环境，孩子们内心既充满好奇，又有些胆怯和紧张。因此，教师授课时就要有良好的情感准备，用自己积极的情绪带领幼儿用美好、愉快的心情共同迎接美好的新生活。

三、幼儿园舞蹈教学活动的准备要注意的问题

人在一种特定的环境中想象力会更加的丰富、新奇，良好的环境可以更好地激发幼儿认知兴趣和探索欲望。因此，在幼儿园舞蹈教学活动中，不仅要给幼儿提供物质（玩教具等）准备，还要给幼儿提供良好的心理环境准备。这里所说的心理环境准备，指的是为幼儿创设一个宽松愉悦的心理环境，可使幼儿轻松自如地进行舞蹈学习活动，形成安全、愉快、宽松的学习氛围。

另外，教师是幼儿舞蹈教学活动的组织者和实施者，因此，教师还要尽可能多地了解所开展的教学活动的相关知识，设法使自己成为相关主题下的专才，这样才能适应幼儿成长阶段特有的好奇心和求知欲。

● 第三节　幼儿园舞蹈教学活动的导入 ●

如果把一个成功的舞蹈教学活动比作一段乐章，那么精妙的导入就是乐章引人入胜的引子，隽永的结尾就是令人意犹未尽的尾声。在幼儿园的舞蹈教学活动中巧妙地设计导入与结尾环节，对于激发幼儿的学习兴趣，激发幼儿的继续探究欲望，都有着非常重要的教育价值。[1]

---

① 周菊芳. 幼儿园音乐活动的导入与结尾策略[J]. 学前教育研究，2011(12).

案例导引4-3

幼儿表演舞《摘葡萄》的活动导
入。教师可以利用情境导入法（为幼儿
播放有关新疆地区的风土人情和葡萄相
关知识的视频资料）和实物导入法（出
示葡萄及葡萄酒等教具）导入教学。在
观看视频之前，教师可以向幼儿提出要
求，如"看到的是哪个地方？""那里盛
产的葡萄都有哪些品种？""葡萄都有哪

些用途？"等等，之后再出示准备好的实物。当幼儿看到了真的葡萄和酒时，就
引起了极大的好奇心和兴趣，"葡萄怎么能做成酒呢？"这些新鲜有趣的问题激发
了幼儿不断渴求新知识、新本领的欲望。

一、什么是幼儿园舞蹈教学活动的导入？

导入是指教学活动开始时，教师引导幼儿进入教学过程的组织方式，是教学过程
的起始环节。它的目的在于集中幼儿注意力，激活幼儿思维，引起其学习兴趣、求知
和探索的欲望。孩子们对上课的内容是否有兴趣，很大一部分取决于课程设计的导入
环节。

在幼儿园舞蹈教学活动中，导入得法，能激发幼儿学习舞蹈的情感，使他们以迫
切的心情渴望新知识的到来，培育和谐愉快的舞蹈教学环境。也可以说，合理的导入
是通向舞蹈学习的桥梁，是科学诱导、启发幼儿主动学习舞蹈的必不可少的环节之一。

二、幼儿园舞蹈教学活动的导入方法

（一）情境导入法

情境导入法就是利用视频、设备、环境、活动、音乐、绘画等各种手段，制造一
种符合教学需要的情境，以激发孩子兴趣，诱发孩子思维，使孩子处于积极学习状态
的技法。它可以缩短孩子与教学内容、教师的距离，形成最佳的情绪状态，使孩子成
为真正的学习活动的主体，主动获得全面发展。情境导入法通过给幼儿展示鲜明的图
片、视频或倾听美妙的音乐，以及创设与教学相关的环境，可以让幼儿置身于特定的
情境中，促使其情感参与，从而引起自觉的学习行为。

如教授幼儿舞蹈《小雨沙沙》时，教师可以先播放背景音乐："沙沙沙沙，沙沙沙沙，春雨春雨轻轻下，沙沙沙沙，沙沙沙沙，春雨春雨轻轻下，小种子喝了雨水，一天一天发新芽，小苗苗喝了雨水，一天一天在长大。"根据歌词，教师可以让幼儿展开想象的翅膀，用语言和肢体来表达自己的感想。于是，我们看到有的小朋友可能会用抖腕的动作表现小雨沙沙下的景象；有的小朋友会用摇头表示小种子喝了雨水的幸福感；还有的小朋友会用从蹲下到站立的舞姿表示小苗苗的破土而出……这时，教师可以适时地出示舞蹈画面，并配以抒情的讲解……如诗如画的情境，充分调动了幼儿的学习兴趣，使幼儿情不自禁地投入舞蹈的美好意境中。

情境导入法所提供的线索起到了一种唤醒或启迪智慧的作用。它保证了幼儿能够带着热烈的情绪主动投入教学活动中。

（二）语言导入法

语言导入法是引导幼儿进入学习状态的一种行为方式。教师生动的、有趣的和富有启发性的语言导入不仅能有目的地引领幼儿认知学习和思维过程，影响幼儿思考问题、表达思想、判断和想象能力的发展，也将直接关系到向幼儿传授知识的效果。良好的语言导入法同样可以为幼儿舞蹈教学活动的展开奠定良好的基础，促使教学进入最佳状态。

在幼儿舞蹈教学活动中，教师可以根据活动内容和需要，通过提问的方式导入，还可以选读与活动内容联系紧密的故事、儿歌、谜语等，以引起幼儿的兴趣，引发联想。因为对于幼儿来说，教师生动、惟妙惟肖的语言描述永远有着很强的吸引力和诱惑力，精彩的故事、寓言、儿歌、谜语等最能引导幼儿进入生动有趣的情境中，活跃幼儿的思维，发展其想象。

如在开展幼儿音乐游戏《小蝌蚪找妈妈》之前，教师可先说一个谜语让幼儿猜："大脑袋，长尾巴，儿时无腿水中游。后腿伸，前腿跳，跳来跳去找妈妈。"当幼儿踊跃地说出答案之后，教师还可以鼓励幼儿用肢体动作表现小蝌蚪在水里游的姿态和长大变成青蛙之后跳跃行走的形态特征，这以后再开展的舞蹈教学活动，就达到了事半功倍的效果。用猜谜语、讲故事、说儿歌等语言导入法导入舞蹈教学活动，不但有利于引起幼儿的浓厚兴趣，同时也能锻炼幼儿的思维能力。

（三）实物导入法

实物导入法是以演示实验、操作玩教具的方式激发幼儿的好奇心，使幼儿产生要了解演示中出现的各种现象及其产生原因的强烈愿望。

由于实物具有很强的直观性、具体性，在幼儿舞蹈教学活动中，一方面能引起幼儿对实物色彩、形状等感性特征的好奇，使他们能见物进境，激发学习的兴趣和求知欲；另一方面，实物还能清楚地揭示舞蹈与实物的本质联系，促进幼儿学习舞蹈的自觉性。

幼儿舞蹈教学活动中的实物操作，归根结底是为更好地开展舞蹈活动课程做准备的。在教学活动之前，教师通过出示实物，让幼儿看看、摸摸、玩玩，这样能让幼儿积累一定的感性经验，也为教师接下来分析舞蹈动作和实物之间的关系作了铺垫。

如教授幼儿舞蹈《不倒翁》。不倒翁是幼儿比较喜欢和熟悉的玩具，教师可以运用实物导入法，先让幼儿观察玩具不倒翁的形态特征：一次次地被扳倒，可又一次次摇摆着立起来。憨态可掬的不倒翁逗得孩子们乐得合不拢嘴，也自然对它的摇摇摆摆的身姿产生了深刻的印象。于是，在舞蹈中，教师就要抓住不倒翁的形态特征——前仰后合、左摇右摆来编创动作，这个简单的形象已经深入幼儿的心中，他们的表现自然惟妙惟肖，表演起来也充满乐趣。

（四）游戏导入法

游戏导入法是指通过引导幼儿做游戏而导入新课的一种方法。游戏是幼儿最喜爱的活动，游戏也是幼儿舞蹈教学活动赖以进行的最好导入载体。将游戏作为舞蹈教学的导入活动，可以使幼儿在轻松、愉快的活动氛围中，对舞蹈学习产生探究和了解的愿望，从而为教师组织进一步的教学活动提供动力保证。

如做幼儿音乐游戏《木头人》。教师可以先找几名幼儿到前面做木头人的游戏。音乐一响起，孩子们可以以各种形象示人，如模仿人物、动物、跑的、跳的……当进入高潮时，教师喊道："木头人"，幼儿立刻保持最后的姿态静止。在游戏中，孩子们都十分兴奋，课堂气氛热烈，由此一来，幼儿对游戏的规则印象非常深刻，早已迫不及待地进入了学习状态。接着教师就可以将音乐游戏中对于舞蹈动作的要求提出来，如第一遍音乐中所有的幼儿模仿各种小动物的形象，小鸟儿、老虎、大象等，第二遍音乐模仿人物形象，如解放军、老奶奶、驾驶员……当他们带着教师提出的问题和要求，有意识地再次玩"木头人"游戏时，活动的目的性增强了，活动的效果自然也不一样了。

利用游戏作为舞蹈教学活动的导入，不仅能快速地激发幼儿的活动兴趣，吸引幼儿的注意力，而且也能使活动的组织显得自然、生动。

（五）表演导入法

表演导入法即通过教师或其他幼儿的表演导入新课。教师可亲自表演或者事先设计一些表演动作、情节，让个别幼儿进行表演。表演导入法可以让幼儿提前感受所学舞蹈的主题，激发幼儿舞蹈学习的兴趣和热情。

如学习幼儿表演舞《我的好妈妈》。根据舞蹈表现的内容，教师可以先在活动前编排好情景表演剧，请一名幼儿扮演妈妈，只见"妈妈"在工作中是那么的忙碌，下班回到家后，还要忙着洗菜做饭……"妈妈"流汗了、"妈妈"腰酸了……通过观看表演，幼儿对舞蹈情节有了大致的了解。这时，教师可以让幼儿完整地欣赏一遍歌曲内容："我的好妈妈，下班回到家，工作了一天多么辛苦呀，妈妈妈妈快坐下，妈妈妈妈快坐下，请喝一杯茶。让我亲亲你吧，让我亲亲你吧，我的好妈妈。"在幼儿对歌曲内容有了很好的理解以后，就很自然地参与到舞蹈表演中了。

通过表演导入法，能让幼儿潜移默化地对歌曲的结构和氛围有所了解，不仅很快地学会舞蹈教学内容，并能愉快地进行表演。它可以让教学活动真正建立在幼儿的兴趣之上。

三、幼儿园舞蹈教学活动的导入应注意的问题

作为课堂教学的"启动"部分，导入不是"摆"花架子，而是在遵循教育规律的基础上，帮助幼儿更好地进入学习状态，从而更好地掌握知识。导入这个环节会直接关系到整个课堂教学的效果。那么，幼儿园舞蹈教学活动的导入要注意什么呢？

首先，要明确教学活动的目的。运用导入的目的是为了导入新的舞蹈教学活动，其设计与运用要有针对性，要紧扣教学目标，不能为了导入而导入。其次，导入要以幼儿的兴趣为前提。精彩的导入要像"磁铁"一样紧紧地吸引住幼儿，引发他们的积极思维。在这个过程中，教师需注意导入的设计必须符合幼儿的年龄、知识水平和接受能力。最后，导入的设计要具有简洁性。在设计导入时，要注重少而精，切不可冗长烦琐，否则导入设计得再好也是喧宾夺主、不可取的。

● 第四节 幼儿园舞蹈教学活动的实施 ●

幼儿园舞蹈教学活动成功与否，是由诸多因素共同决定的，如课前教学目标的设定、教师自身的专业素质、幼儿的自身能力等。因此，教师在实施舞蹈课堂教学活动过程中，如何正确把握课堂教学诸要素就显得至关重要。

 案例导引4-4

幼儿表演舞《摘葡萄》的教学实施。观看完视频，教师可以就导入活动中提出的问题继续提问。如："我们看到果农们是怎样摘葡萄的？""如果葡萄的位置比较高怎么摘呢？""我们能不能用优美的舞姿表现一下呢？"教师运用启发、联想法，把视频中出现的劳动场景逐渐引导到舞蹈教学活动中来。通过模仿摘葡萄的动作，幼儿学会了绕腕；通过表现摘高处的葡萄的动作，幼儿学会了立半脚掌以及保持挺拔的身姿……

一、什么是幼儿园舞蹈教学活动的实施？

教学活动的实施是开展活动课程的实质性阶段或关键性步骤。它是指在教师指导下，幼儿自主思考与自主操作相结合的过程。这一阶段的主要任务是让幼儿按照教学活动的目的和要求自主地投入活动，积极主动地完成教学活动计划。

幼儿舞蹈教学的实施过程是一种认识过程，也是一个促进幼儿身心发展的过程。在实施过程中，教师有目的、有计划地引导幼儿对舞蹈的认识活动，适时地调节他们的志趣和情感，使之循序渐进地掌握舞蹈基础知识和基本技能。

二、幼儿园舞蹈教学活动实施的具体要求

（一）明确的教学指向

所谓指向性，是指教学活动中的内容要围绕教学目标来开展。对教师而言，在幼儿舞蹈教学活动伊始，就要能较好地抓住教学活动的"魂"，要用清晰的教学语言和教学思路让幼儿了解舞蹈教学活动的目的和要求。当然，在实施过程中，教师还要根据

幼儿的身心发展特点，掌握教学层次，这个层次就是由主到次、由浅入深、由易到难。只有构建一个指向明确、思路清晰、具有内在逻辑关系的"问题链"，才能帮助幼儿建立起合理的舞蹈学习的认知结构。

（二）实际的教学效果

全国著名课改专家余文森教授在"课堂教学实效性"论坛上发言指出："课堂教学的实效性是指通过课堂教学活动，使学生在学业上有收获，有提高，有进步。"就幼儿园舞蹈教学活动而言，结合教学目标的维度，具体表现在：幼儿对于舞蹈的技能掌握，从认知上看，是从不会到会，从不懂到懂；从对于舞蹈的情感表现上看，是从不喜欢到喜欢，从不感兴趣到感兴趣。

其实，幼儿舞蹈教学活动表现出来的实效性特征很多，但最核心的一点是看幼儿是否愿意学、主动学以及怎么学、是否学会。

（三）多样的教学方法

幼儿园舞蹈教学活动的形式丰富多样，有律动、歌表演、集体舞、表演舞、音乐游戏、即兴舞、民族民间舞等。与此同时，它的教学方法也丰富多样，有示范法，讲解、提示、口令法，观察模仿法，游戏法，练习法等。教师在平时的教学中应根据不同形式的舞蹈教学活动，选择最容易达成目标的、适合幼儿的年龄特征的教学方法，这样才能让幼儿在活动中获得有用的舞蹈知识信息，从而提高舞蹈教学活动的实效性。

如在教授幼儿歌表演《找朋友》时，教师就可以采用游戏法进行教学。"找啊找啊找朋友，找到一个好朋友，敬个礼，握握手，你是我的好朋友，再见。"在这里，教师为幼儿创设一个游戏情境，幼儿可以开心地寻找着自己的好朋友、小伙伴……在玩耍中，幼儿不知不觉地掌握了音乐的节奏、活动的规则，这时，教师再适时地提出动作的要求，也就达到了事半功倍的教学效果。

三、幼儿园舞蹈教学活动的实施应注意的问题

（一）创造和谐的课堂气氛

幼儿园舞蹈教学活动不但是舞蹈知识信息的交流过程，也是师生情感交流的过程，积极的、融洽的情感交流容易让幼儿把这种潜在的情感意识转移到教师所教的内容上去，从而形成一种积极的学习情绪，最大限度地提高学习效率。

在舞蹈教学活动中，教师要创设愉悦的情境，去拨动幼儿的情感之弦。此时，教师一句亲切而耐心的启发、一个热情而充满希望的鼓励的眼神、一个满意的微笑和点

头都会帮助幼儿树立学习好舞蹈的信心，产生学习好舞蹈的信念。让幼儿在轻松和谐的课堂气氛中获得知识，可以确保教学获得最佳效果。

（二）发挥教师的主导作用，突出幼儿的主体地位

现代教育心理学的研究表明，幼儿的学习是一个积极主动的知识建构过程，教师应充分重视幼儿的主体地位。而教师也应由知识的传授者变为知识的引导者，由课堂的管理者变为课堂的组织者，它更为强调的是其在教学中的主导作用。

在幼儿舞蹈教学活动中，幼儿应是学习的主体，课堂的主人，它表现在幼儿对舞蹈课堂的学习活动是主动的，学习态度是积极的；教师则是主导者或者说是引导者，充当的是参与、促进和指导的角色，目的在于启发、调动幼儿学习舞蹈的自觉性、积极性和创造性。

（三）灵活把握课堂教学的节奏

课堂教学节奏指课堂教学的密度、速度、难度、重点、强度和激情度等在时间上以一定的次序有规律地交替出现的形式。通过这些可比成分的有规律的交替和变化，教育者不仅可以有效地传达自己的情感、态度，突出教学的重点难点，而且可以有效组织教学和调控学生注意力。[①]

幼儿舞蹈教学活动，是一种极其复杂的动态过程。在教学中，教师面对的是思想活跃、各具个性的幼儿，这必然就会有许多难以事先估计的问题发生。如教师在教授舞蹈动作时，有的幼儿会出现吵闹、打逗、不注意听讲等现象，这些问题的出现会直接影响教学活动的效率和质量，面对这些课堂"险情"，教师必须善于运用教学机智去灵活、巧妙地处理和解决，确保舞蹈教学活动顺利进行。

（四）尊重幼儿的个体差异

《3-6岁儿童学习与发展指南》中提出"要承认和关注幼儿的个体差异，注重保护幼儿的自尊心和自信心"。其实，尊重孩子就是尊重孩子的个体差异，尊重孩子的个别发展水平。教师要树立面向全体幼儿教学的观念，尽量照顾每一个幼儿的情绪，调动每一个幼儿的积极性，让每一个幼儿都能积极地参加到教学活动中来。

在幼儿舞蹈教学活动中，教师更要强调尊重和接纳幼儿的个体差异。由于每个幼儿的需要、兴趣、学习、探究的形式都不尽相同，对于舞蹈课程的学习态度、学习效果会出现较大的差异，如性格活泼外向的幼儿可能在舞蹈中也愿意尽情地表现自己，

---

① 张楠. 教学机智在新课程课堂教学中的运用[J]. 文教资料，2008（22）.

相反，性格内向羞涩的幼儿的舞蹈感受力、表现力就会相对较弱。这时教师就要善于发现和挖掘幼儿的闪光点，对每个幼儿的优势给予积极肯定，让每个幼儿能看到自己的优势，增强信心，使其能力、水平得到不同程度的发展。

第五节　幼儿园舞蹈教学活动的延伸

课外延伸可以将幼儿舞蹈的教学内容和课外延伸中的信息资料有机结合起来，改变了相对单一的课程格局。舞蹈教学活动的课外延伸能有效地提高幼儿自主学习的能力，有利于发展幼儿的智能活动和思维方式。

案例导引 4-5

幼儿表演舞《摘葡萄》的活动延伸。"我们在以前的美术课上，学习过怎样折叠小帽子，今天，就让我们折叠一个跳新疆舞的小帽子，带上这顶小帽子，回家以后跳给爸爸妈妈看我们今天学习的、美丽的新疆舞蹈《摘葡萄》好不好？"教学的延伸活动，有利于幼儿在课后不断练习、不断创新。

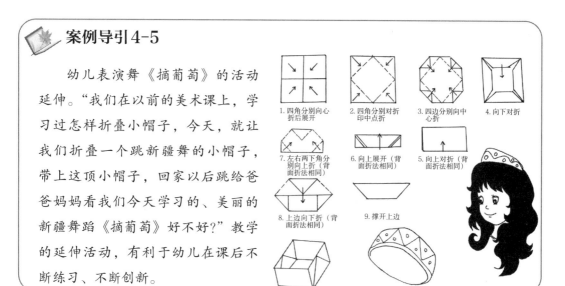

一、什么是幼儿园舞蹈教学活动的延伸？

教学活动的延伸简单地说是为了保持教学活动的完整性、连贯性，从而更好地保证幼儿学习的完整性、连贯性。虽然在幼儿园的教育教学中，我们不强调教授系统的知识和技能，但强调幼儿发展的整合性、延续性，强调培养完整的儿童。[①]

从幼儿园舞蹈教学这个角度来讲，延伸活动是在舞蹈教学活动外，在教师的帮助下，有计划地安排幼儿参与的活动。延伸活动被包容在课程中，且与教学大纲和教学

---

① 董旭花. 延伸活动往哪延伸[J]. 幼儿教育，2006 (7).

计划紧密联系，是对舞蹈课堂教学内容的补充、扩展和提高，是帮助幼儿掌握舞蹈知识和技能的有效途径。

二、幼儿园舞蹈教学活动延伸的具体内容

（一）联系相关，拓展知识

延伸活动应是幼儿舞蹈课堂教学内容的延伸和补充。幼儿园舞蹈教学活动形式多样，是传授幼儿舞蹈基础知识和基本技能的主要渠道。但是，它容易受课时、大纲以及物质条件的限制，尤其在培养能力和发展个性方面具有很大的局限性。有些知识或内容不可能在课堂教学中直接延伸、发展。相对而言，课外延伸活动以其较强的实践性和较大的灵活性，具有课堂教学无法替代的辅助作用。因而，在设计课外活动时应充分发挥这一特点，使之成为课堂教学的必要延伸和补充。

如教授幼儿歌表演《小毛驴》。"我有一头小毛驴，我从来也不骑，有一天我心里高兴骑着去赶集。我手里拿着小皮鞭我心里正得意，不知怎么咕噜噜噜我摔了一身泥。"在教学活动中，幼儿可能会对歌曲中一些特定词汇不太理解，如"赶集"。教师可以为此开展一个延伸活动，组织班里幼儿举办"集会"。在"集会"中，有的幼儿可以扮作售货人员"售卖"自己的商品，有的幼儿可以作为逛集市的人员"采买"自己心仪的商品。这个新颖的延伸活动不仅引起了幼儿极大的参与兴趣，还丰富了他们的民俗知识。

（二）联系生活，拓展情感

"幼儿舞蹈的外延是生活"。幼儿舞蹈教学不能仅仅局限于教学活动内容本身的学习。教师不仅要对幼儿学习舞蹈表现出来的情感态度、价值取向认真解读、准确把握，还需要让幼儿调动自己的生活积累与教学内容产生更直接的对话，以引起他们更直接的共鸣。

如教授幼儿表演舞《好妈妈》。通过课堂教学，幼儿了解到妈妈白天要工作，回家后还要操持家务是很辛苦的。于是，教师可以布置作业，让幼儿回家后对妈妈说一句最想说的话或者为妈妈做一件力所能及的事（帮妈妈捶捶背、倒杯水等）。在这个延伸环节中，孩子们体会到了父母对自己平凡却伟大的爱，萌发了关心、热爱父母的情感，我们也相信，孩子们今后一定会更热爱自己的父母。

（三）联系实践，拓展能力

课外延伸，有助于培养幼儿获取及运用知识的能力。教师在设计课外延伸活动时，应把立足点放在能力培养上。人的能力是多方面的，但对幼儿来说，最基本的是观察能力、模仿能力和创造能力。在课外延伸活动中，要鼓励幼儿亲自动手操作、动眼观察和动脑分析，幼儿在获取知识的同时，各种能力也得到了锻炼。

如教授幼儿表演舞《小金鱼》时，教师就可以做一个教学的延伸活动，让幼儿仔细观察小金鱼的特征。从小金鱼怎么游，怎么吐泡泡，怎么吃东西等各个方面去引导幼儿抓住小金鱼的核心特征，这样，在教学中才能强化幼儿的肢体表现力。在已有一定认知程度的基础上让幼儿多观察、多练习，幼儿自然就能潜移默化地掌握技能，也能使他们更好地融入日常的舞蹈学习中。

三、幼儿园舞蹈教学活动的延伸应注意的问题

（一）要有明确的目标

教学活动的延伸不像教学目标那样提出的是概括性的指向和要求，而是带有策略性和调节性的，是具体的、可操作的、可观察的、可评价的。从幼儿舞蹈教学活动的学习特点和幼儿的学习实际出发，开展目标明确的教学延伸活动，一方面能够有效地体现教学活动的方向、重点，另一方面也可以建立生动、有趣、宽松、立体的课堂教学模式。

如教授幼儿舞蹈律动《头发、肩膀、膝盖、脚》。"头发、肩膀、膝盖、脚；膝盖、脚，膝盖、脚；头发、肩膀、膝盖、脚；眼睛、鼻子、耳朵、嘴。"这是一个让小班幼儿认识身体部位的律动练习。通过延伸活动，幼儿所认知的就不仅仅是歌词中所描述的几个身体部位，还可以包括手指、脚趾、眉毛、肚子等，这个延伸活动就让幼儿了解了身体的更多部位，其活动的目标是明确而清晰的。

（二）要体现幼儿的兴趣

兴趣是最好的老师。幼儿舞蹈教学活动除能丰富学生的舞蹈基本技能之外，其目的还在于培养幼儿对舞蹈的兴趣和爱好。而幼儿舞蹈教学的延伸活动的重要功能之一就是能进一步激发幼儿对所学舞蹈内容和知识的浓厚兴趣，进而引导他们在课外建立起新的学习活动链接。当然，这种链接越紧凑，对于教师舞蹈课堂教学活动的影响力也越大。因此，教师的舞蹈教学活动既要着力于调动幼儿课堂内的学习兴趣，更要想方设法让幼儿的学习兴趣和学习热情在课外的空间里得以主动延续、放大。

（三）要体现教师的指导作用

教学的延伸活动是幼儿舞蹈教学活动中不可分割的组成部分，教师在制订延伸活动计划时，要把它和整个舞蹈教学计划统一起来考虑。延伸活动的目的、内容、方法等，都应该从舞蹈教学活动的目标出发，与教学活动紧密配合。

如教授幼儿音乐游戏《动物狂欢节》。这个舞蹈表现了各种小动物聚集在一起玩乐、戏耍的愉快场景。教师在延伸活动中，可以让幼儿去观察不同小动物的形态特征，并用肢体表现出来。其中，在教师利用观看视频作为教学的延伸活动时，教师要注意引导幼儿观察动物的特定形态，如小猴子喜欢东张西望、抓耳挠腮；孔雀骄傲挺拔的身姿、梳理羽毛时头部的顿挫状……这样，幼儿表现出来的动作才能惟妙惟肖、异彩纷呈。

 案例4-1

律动：《小手拍拍》教学活动方案

小手拍拍

1=D 4/4

颂 今 词曲

```
3 6 5 3 6  6 | 3 6 5 3 6  6 | 5 6 5 3 2  - | 5 6 5 3 2  - |
小 手 拍 拍，   小 手 拍 拍，   手指伸出来。     手指伸出来，
```

```
2 3 5  6 5 3 | 2 3 5  6 5 3 | 5 6 3 2 1  - | 5 6 3 2 1  - ‖
```

1. 眼　睛 在哪里？　眼　睛 在这里。　用手指出来，　用手指出来。
2. 嘴　巴 在哪里？　嘴　巴 在这里。　用手指出来，　用手指出来。
3. 耳　朵 在哪里？　耳　朵 在这里。　用手指出来，　用手指出来。
4. 眉　毛 在哪里？　眉　毛 在这里。　用手指出来，　用手指出来。
5. 鼻　子 在哪里？　鼻　子 在这里。　用手指出来，　用手指出来。

【年龄段】

3—4 岁。

【设计意图】

　　小班幼儿活泼好动，喜欢模仿，喜欢通过触觉探究各种事物。儿歌《小手拍拍》内容通俗易懂，歌词朗朗上口，是指导小班幼儿参与律动活动的好选材。儿歌将五官各部位名称融入歌词，通过"用手指出来"的方式，激发了幼儿对舞蹈的学习兴趣，同时也促进了幼儿对五官认知能力的发展。

一、活动目标

（1）知道五官的各部位名称，清楚位置。

（2）能够跟随音乐歌词、节奏准确地指出对应部位。

（3）愿意大胆表现，体验律动活动的快乐。

二、活动重点、难点

1. 活动重点

知道五官各部位的名称及位置。

2. 活动难点

能够跟随音乐节奏准确指出对应部位。

三、活动准备

1. 经验准备

幼儿知道五官的大致位置。

2. 物质准备

音乐《小手拍拍》。

四、活动过程

1. 导入

教师带领幼儿一起做手指游戏，帮助幼儿集中注意力，吸引幼儿兴趣。

2. 展开

（1）教师提问让幼儿自由回答小手的本领。

（2）教师引导幼儿用手拍一拍身体的各个部位。

（3）开展舞蹈动作教学。

【1—8】幼儿双手合十，在胸前左右两边拍手，左右各两次。

【9—16】双手前平位伸出，左右晃动各两次，同时头左右摆动各两次。

【17—24】大拇指收回，四指并拢置于歌词位置，做四次，同时左右倾头各两次。

【25—32】 用食指指到歌词唱的部分，同时左右倾头各两次。

3. 结束

（1）幼儿展示律动舞蹈《小手拍拍》。

（2）教师即兴创编歌词，让幼儿根据歌词完成动作。

五、活动延伸

（1）讲述绘本，如《会说话的手》，帮助幼儿了解手的功能和作用。

（2）组织体育活动，如"拍皮球"，让幼儿感受手的力量和球的关系，锻炼手、眼协调能力。

（3）组织社会活动，如"我的小小手"，让幼儿了解手部特征并懂得要保护自己的双手。

（4）让幼儿说一说手都能做什么，在艺术区投放不同材料鼓励幼儿用多种艺术形式大胆表现。

【提示】

（1）律动活动中有需要与歌词相对应的动作，教师在教育过程中应引导幼儿建立对自己五官及身体其他部位的认知能力。

（2）小班幼儿的思维以直觉行动思维为主，因此教师在活动中尽量让幼儿通过个体体验来获取知识，即采用幼儿思考、行动在前，教师动作示范在后的教学方法。如歌曲中提到"耳朵在哪里"时，应先让幼儿指出身体部位，教师再通过带有"舞姿美感"的动作示范带领幼儿完成舞蹈动作的学习。

案例4-2

歌表演：《吹泡泡》教学活动方案

泡泡不见了

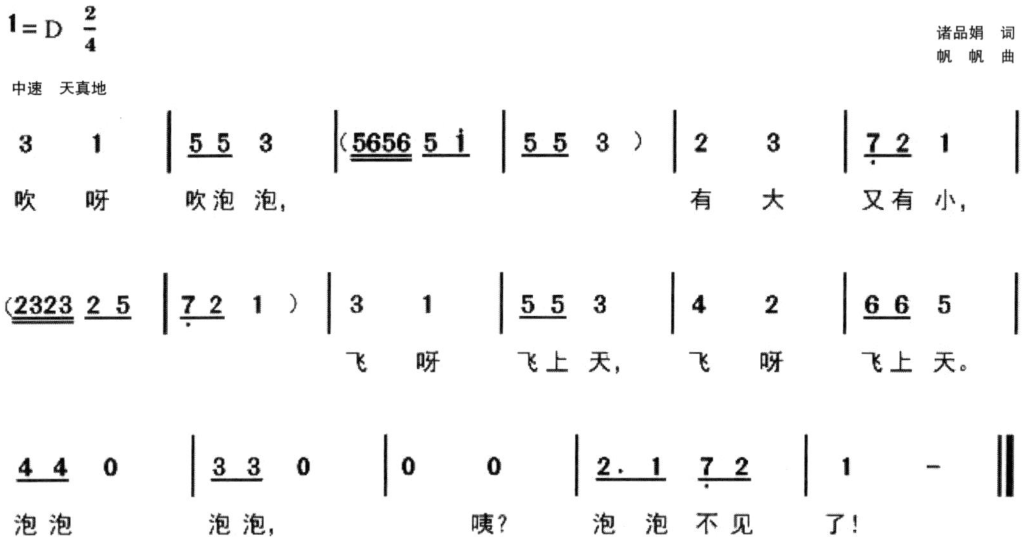
1=D 2/4
诸品娟 词
帆 帆 曲
中速 天真地
吹 呀 吹泡 泡，有 大 又有 小，
飞 呀 飞上 天，飞 呀 飞上 天。
泡泡 泡泡，咦？泡 泡 不见 了！

【年龄段】

4–5岁。

【设计意图】

“吹泡泡”游戏来源于幼儿的生活，也深受他们的喜爱。歌表演《吹泡泡》将幼儿的游戏经验与知识学习紧密地结合在了一起，让幼儿感受学习乐趣的同时，也激发了幼儿对周围事物的探索兴趣和欲望。

一、活动目标

（1）了解泡泡产生和消失的常识。

（2）能够用身体表现泡泡的不同形象，跟随音乐节奏边唱边做动作。

（3）体验舞蹈学习活动的乐趣。

二、活动重点、难点

1. 活动重点

学会唱儿歌并根据歌词做出对应动作。

2. 活动难点

在歌唱中做到动作规范。

三、活动准备

1. 经验准备

幼儿已经学唱过歌曲并有过吹泡泡的生活经验。

2. 物质准备

吹泡泡的工具。

四、活动过程

1. 导入

教师用提问的方式向幼儿描述泡泡的样子，让幼儿猜一猜老师形容的是什么；教师利用工具进行"吹泡泡"展示，让幼儿观察动作形态，从而激发幼儿学习《吹泡泡》舞蹈的兴趣。

2. 展开

（1）播放歌曲，让幼儿有感情地演唱。

（2）开展舞蹈动作教学。

【1-2】双手叉腰，脚并拢，低头。

【3-4】左上方抬头，双手置于嘴前（做吹泡泡状）。

【5-8】小碎步，向右自转一周。

【9-10】双手叉腰，脚并拢，低头。

【11-12】右上方抬头，双手置于嘴前（做吹泡泡状）。

【13-16】小碎步，向左自转一周。

【17-24】双手叉腰，左、右倾头各两次，交替做（表示看泡泡往上飞）。

【25-26】旁按手，小碎步转至2点。

【27-28】旁按手，小碎步转至8点。

【29-30】双手叉腰，眼睛从左到右移动（作找泡泡状）。

【31-32】双手叉腰，摇头（表示没找到泡泡）。

3. 结束

（1）小朋友们展示歌表演《吹泡泡》。

（2）以"泡泡去哪儿了"展开讨论，鼓励幼儿大胆想象泡泡消失后会发生什么。

五、活动延伸

（1）讲述绘本《和泡泡一起飞》，帮助幼儿了解泡泡的产生。

（2）开展美术活动，如"泡泡画"，让幼儿用吹的方式创作自己的"泡泡画"。

（3）组织体育活动，如"追泡泡"，锻炼幼儿的反应能力和身体协调能力。

（4）组织科学活动，如"泡泡有件花衣裳"，让幼儿观察泡泡在光的照射下产生的变化。

【提示】

（1）歌表演的学习不能仅仅浮于学习歌曲、舞蹈动作的表象之上，教师应当充分激发幼儿的探究热情。以幼儿生活中"吹泡泡"的经验为契机，教师通过在教学中的巧妙引导，把幼儿的学习兴趣推向深入。

（2）教师设置"吹泡泡"环节能够增加幼儿的情感体验，但是教师需注意引导幼儿在这一环节中学会观察和思考，切莫忽略幼儿对教学内容的理解和掌握。

案例4-3

表演舞：《小白船》教学活动方案

小白船

1=F 3/4

朝鲜族童谣

```
5  -  6 6 | 5  -  3 | 5  3 2 1 | 5̇  -  - | 6̇  -  1 | 2  -  5 |
蓝    蓝的  天    空   银 河 里,   有      只    小  白

3  -  - | 3  -  - | 5  -  6 | 5  -  3 | 5  3 2 1 | 5̇  -  - |
船。            船    上   有  棵   桂 花 树,

6̇  -  1 | 5̇  -  2 | 1  -  - | 1  -  - | 3  -  3 | 3  -  2 2 |
白    兔  在  游   玩。              桨  儿  桨   儿
```

```
3 - 6 | 5 - - | 3 - 2 | 3 - 6 | 5 - - | 5 - - | 1 - - |
看  不 见，    船  上  也 没 帆，         飘
```

```
5 - 5 | 3 - 5 | 6 - - | 5  32 1 | 5 - 2 | 1 - - | 1 - - ‖
呀   飘   呀，  飘  向  西   天。
```

【年龄段】

5—6 岁。

【设计意图】

想象力是每个孩子与生俱来的宝藏。歌曲《小白船》旋律优美，歌词中桂花树、白兔等事物描绘出了孩子对于夜空的美好想象。舞蹈中所包含的需要手、脚配合及同伴配合完成的动作，锻炼了幼儿的身体协调能力及与他人合作的能力。希望通过对舞蹈《小白船》的演绎让幼儿感受到歌曲所表达出的优美意境，激发幼儿对宇宙浩瀚太空的幻想和探索之情。

一、活动目标

（1）感知 $\frac{3}{4}$ 拍音乐优美、舒缓的特点。

（2）能够较好地将身体动作与音乐配合，与同伴配合完成表演。

（3）积极参与舞蹈表演，感受与同伴合作的快乐。

二、活动重点、难点

1. 活动重点

掌握舞蹈动作，在舞蹈中顺利完成队形变换。

2. 活动难点

在与同伴的配合、交流中完成舞蹈队形的变换。

三、活动准备

1. 经验准备

幼儿有过集体舞学习的经验，具备一定的舞蹈表演能力。

2. 物质准备

《蒲公英的旅行》的课件；《小白船》音乐。

四、活动过程

1. 导入

教师讲述故事《蒲公英的旅行》并播放音乐，引发孩子对舞蹈《小白船》的学习兴趣。

2. 展开

（1）用提问的方式让孩子熟悉歌词。

（2）开展舞蹈动作教学。

【1-3】一手背后，另一手胸前做小波浪；正步位屈膝。一拍一动，共做三次。【4】一手背后，一手大波浪至旁平位；大八字位，一脚重心，身体外倾。

【5-8】动作同【1-4】，方向相反。

【9-16】动作同【1-8】。

【17-20】双手握拳，置于腰侧划立圆（划桨状）；小碎步移动变换队形，变成两人一组，面对面。

【21-24】两名幼儿舞姿相同，方向相反。一手握拳于腰间，另一手腰侧划立圆（单手划桨状）；屈膝一脚旁虚步位。

【25-28】两名幼儿舞姿相同，方向相反。双臂右起经双晃手路线落至左侧；小碎步横向移动，屈膝，一脚前虚步位。

【29-32】动作同【25-28】，方向相反。

3. 结束

（1）幼儿展示表演舞蹈《小白船》。教师可赋予幼儿角色扮演，如"船上"出现小兔子等动物形象。

（2）鼓励幼儿大胆想象，"小白船"上还有什么。

五、活动延伸

（1）组织体育游戏活动，如"划呀划呀划小船"。通过让幼儿两人一组面对面手拉手的游戏，进一步锻炼幼儿的身体协调及配合能力。

（2）组织集体教育活动，如"各种各样的交通工具"。通过活动让幼儿认识交通工具、了解用途并学会分类。

（3）组织美术教育活动，如"折纸船"。通过活动发展幼儿的手部精细动作及手、眼协调能力。

【提示】

集体舞活动中幼儿不单要考虑自己的动作和站位，还要考虑和同伴之间的合作以及队形变换，对于幼儿来说有一定的难度。为便于幼儿正确识别空间和方位，教师在教学中可以借助其他手段，如在场地上标注符号、设计舞谱、队形图谱、在幼儿衣服上贴有不同颜色的标签等，以此拉近幼儿与知识的距离。

话题小结

明确的、适宜的教学活动目标，是教师发挥主导作用的依据，也是对活动进行评价的依据。幼儿园舞蹈教学活动目标的设计对制订教学计划、组织教学内容、明确教学方向、确定教学重点、选择教学方法、安排教学过程等起着重要的导向作用。

在教学中，要想激发幼儿学习舞蹈知识的兴趣，引导幼儿对舞蹈世界进行深入的探究，教师课前的精心准备工作必不可少，它是舞蹈教学活动成败和教育效果好坏的关键因素。

在幼儿园的舞蹈教学活动中巧妙地设计导入环节，对于激发幼儿的学习兴趣，激发幼儿的继续探究欲望，都有着非常重要的教育价值。

教学活动的实施是开展活动课程的实质性阶段或关键性步骤。在实施过程中，教师有目的、有计划地引导幼儿对舞蹈的认识活动，适时地调节他们的志趣和情感，使之循序渐进地掌握舞蹈基础知识和基本技能。

课外延伸可以将幼儿舞蹈的教学内容和课外延伸中的信息资料有机结合起来，改变了相对单一的课程格局。舞蹈教学活动的课外延伸能有效地提高幼儿自主学习的能力，有利于发展幼儿的智能活动和思维方式。

自我评量

一、简述题

1.制定幼儿园舞蹈教学活动目标的意义是什么？

2.幼儿园舞蹈教学活动的准备应注意什么？

3.幼儿园舞蹈教学活动的导入应注意什么？

4.幼儿园舞蹈教学活动的实施有哪些具体要求？

5.幼儿园舞蹈教学活动的延伸应注意什么？

二、论述题

1.制定幼儿园舞蹈教学活动的目标应注意什么？

2.幼儿园舞蹈教学活动的准备包括什么？

3.幼儿园舞蹈教学活动有几种导入方法？

4.幼儿园舞蹈教学活动的实施应注意什么？

|第五章|

幼儿园舞蹈教学实施过程

学习目标

1. 了解和掌握幼儿园舞蹈教学步骤的设置。
2. 了解和掌握幼儿园舞蹈教学教师课堂语言的使用。
3. 了解和掌握幼儿园舞蹈教学环境的创设。

● 第一节　幼儿园舞蹈教学步骤设置 ●

教学步骤设置的重要任务是引导幼儿探索知识，进而理解和掌握知识。在舞蹈教学活动中，合理地设置教学步骤可以让教师有目的、有计划地引导幼儿主动地进行认识活动，自觉调节自己的志趣和情感，循序渐进地掌握舞蹈知识和基本技能。

案例导引5-1

教师教授新舞蹈时不能毕其功于一役，将全部动作及要求一股脑儿交给幼儿。这样做不仅幼儿难以掌握，而且也达不到预期的教学效果。合理的教学活动往往要经过若干教学步骤然后达到"完成体"，即需要经过一个由简至繁、由易到难的过程。如学习小班歌表演《小花猫，上学校》。"小花猫，上学校，老师讲课它睡觉。左耳朵听，右耳朵冒，你说可笑不可笑。"教师可以先通过故事中有动感的主要情节图片（分别是小花猫去上学、上课时不专心

听讲、伸懒腰、学不会本领的无奈表情等），将所要学习的歌表演的主要表现情节传递给幼儿。当把这些主要情节（也称之为"点"的练习）串起来形成了故事的"线索"的时候，舞蹈动作也就随之连贯起来了。

一、什么是幼儿园舞蹈教学步骤的设置？

教学步骤的设置，指的是在教学活动中，根据不同的教学目标、学习阶段和学习对象所采用的切实可行的教学方法和教学手段。

由于幼儿对客观事物的认识是一个由简到繁、由易到难、由直观到抽象的过程，他们对于舞蹈动作的掌握更是受到生理机能的制约，因此，合理地设置幼儿舞蹈教学活动的课堂教学步骤，可以使幼儿科学地、系统地掌握舞蹈知识、技能和方法。

二、幼儿园舞蹈教学步骤的设置所包括的阶段

（一）感知阶段

心理学知识表明：感知是思维活动的直接基础，是人们认识事物的开始。感知虽属于认识过程的低级阶段，但它却是复杂认识的基础，是一切知识的来源，没有正确的感知，就不可能认识事物的本质属性。[①]

在幼儿园舞蹈教学中，教师要根据教学内容及幼儿的认知水平和年龄特点，尽力创设新颖的情景和有趣的问题，加深幼儿对所学新知识的感知。一般来说，知识经验越丰富，感知就越完善，所能形成的表象就越清晰，就越有利于把感性认识上升到理性认识，从而使知识得到理解、掌握和巩固。因此，要想让幼儿对舞蹈教学活动有更好的感知，教师一方面要恰当地联系教学内容和幼儿所具有的知识水平，另一方面还要善于调动幼儿的多种感觉器官，同时作用于感知对象，以提高教学效果。

如教授幼儿表演舞《三个和尚》。如果教师只是教授舞蹈的基本动作，幼儿可能不易理解、记忆和掌握。而如果先让幼儿欣赏这部经典的动画片，之后教师提问："一个和尚担水喝，两个和尚抬水喝，三个和尚为什么没水喝？"这就大大激发了幼儿探求知识的好奇心，产生积极寻找问题答案的强烈愿望。通过感知，可以使幼儿顺其自然地掌握所学的舞蹈知识和技能，对其相应问题的理解也较为透彻。

---

① 胡红. 感知规律在教学中的应用[J]. 体育教学，1991（3）.

（二）理解阶段

在激发起幼儿的求知欲望和探究需求后，教师就应及时地将新授课的内容，有计划、有层次、由浅入深地展现给幼儿。在这个过程中，教师应千方百计地启发幼儿主动、积极地思考，自觉地"理解"、领会所学到的知识，并在此基础上引导幼儿完成学习任务。

幼儿舞蹈教学活动的学习过程是一个舞蹈认知结构发展变化的过程，这个过程也是教师引导幼儿在感性认知的基础上不断向理性转化的过程。那么，如何把握幼儿对舞蹈教学活动的"理解"呢？实际上，舞蹈的"理解"是以肢体语言为媒介的，能用肢体语言表述是衡量幼儿对舞蹈知识理解的标准。而要想让幼儿用肢体语言很好地表达对舞蹈内容的"理解"，可以采用多种教学方法。如让幼儿分组进行表演，之后幼儿相互评论。在这种既看又听的教学交流活动中，教师把学习的主动权交给了幼儿，激发和调动起幼儿的学习积极性，促使他们积极思考、积极交流、主动理解。

在幼儿舞蹈教学活动中，强调幼儿对于舞蹈的"理解"是十分重要的。只要教师有意识地围绕幼儿对舞蹈知识的理解开展学习活动，采取切实有效的措施，就会收到良好的教学效果。

（三）巩固阶段

心理学家研究表明：记忆的保持在时间上有短时记忆和长时记忆两种。当幼儿将所学到的舞蹈信息输入后，一般形成的是短时记忆，短时记忆如果不经过及时的巩固性学习，曾经记住过的东西就会很快被遗忘。而经过必要的及时的巩固性学习后，这些短时的记忆就会变成一种长时记忆，长时记忆的信息能够在大脑中保持很长时间，在一定的条件下还可以提取出来。因此，教师在完成幼儿舞蹈教学活动之后，需要通过多种形式和手段及时引导幼儿进行复习和练习，以达到深刻领会、反复记忆的目的。及时对所学知识进行巩固，可以进一步帮助幼儿理解知识和完成所学知识的体系化。

一般来讲，幼儿对有兴趣和理解的知识内容是不容易遗忘的，这使得巩固阶段学习的过程就相对轻松了许多。因此，在舞蹈学习时首先要培养幼儿对所学知识内容的兴趣。如教授《老鹰捉小鸡》的音乐游戏时，教师告知幼儿，每个小朋友要抓紧前面小朋友的衣服，向同一方向行进，否则，从队伍中失散了，就会被老鹰抓走……这种带有刺激性的游戏性质的教学活动，一方面激发幼儿的学习兴趣，另一方面也会让幼儿对舞蹈规则印象深刻，即使在巩固复习阶段幼儿也会对动作要领完成得轻松自如。其次，教师还应当保证幼儿对于所学知识的理解，因为理解是巩固的前提，没有理解，就不能真正学会知识，也就谈不上知识的巩固。

三、幼儿园舞蹈教学步骤的设置应注意的问题

（一）适当地调整教学策略

幼儿学习新知识的过程，是一个由幼儿、教师、教学内容、教学方法等诸多因素共同决定的动态生成过程，其中每一个环节都有可能产生问题，一些问题可能在预设中已经想到，还有一些问题则是不确定、随时会发生的。因此，教师应根据幼儿在学习中的实际情况对教学步骤的设置灵活把握，并随着幼儿的需要及时对活动进行调整。如有时幼儿不会按照教师的教学思路走，往往会产生新奇的想法。其实，这是幼儿积极参与课堂的表现，此时教师不必拘泥于教学设计，可以顺着幼儿的思路往下走，并适时地链接到既定的教学内容中来，这样做既没有破坏他们的学习兴趣，还可以使幼儿在教师的引导下更快地接受新的知识。另外，由于幼儿的学习受多种因素影响，在心境良好时，教师不用刻意地渲染教学氛围，幼儿的学习情绪也会高涨，而情绪不佳时，教学效果则不尽如人意。此时，就需要教师及时地调整教学方法，有效地激活教学内容，从而激发幼儿学习的积极性。再者，教师还要根据幼儿达成学习目标的状况，及时调整教学活动的难易程度，使每名幼儿都能体验到学习和成功的乐趣。

（二）解决好教学中的重点与难点

一节课的成功与否很大程度上取决于对重、难点的把握和处理上。幼儿舞蹈教学活动中的重点，是指为完成舞蹈教学目标，在舞蹈教学中应着重体现的方面，如引导幼儿理解舞蹈表现的意义、感受舞蹈的艺术形象、有感情地表达舞蹈的情趣与风格等。而舞蹈教学中的难点，一般是指在舞蹈教学中，幼儿较难掌握的、表达的某些具体动作。

在幼儿舞蹈教学活动中，首先要做到重点突出，这就要求教师在教学中必须围绕重点内容对幼儿进行启发、诱导。教师通过采用一定的教学方法和手段，激发幼儿的好奇心，使他们产生学习的愿望，并且主动参与到学习中来，最终掌握教师所传授的知识。这一教学过程是步步深入、环环相扣的，它在充分调动幼儿学习积极性的前提下，同时加深了他们对于教学重点的理解。其次还要做到难点的确定。对于不同的难点应采用不同的方法去攻破。如有的舞蹈要求幼儿表现的情绪或高兴、或悲伤、或生气，这种比较抽象的情感表现对于幼儿来说或许难以把握，教师就可以将它具体化、形象化，可以采取讲故事、观看视频资料等辅助手段激发幼儿的情绪情感。又如有的动作较为复杂，幼儿学起来不得要领，教师可以把动作进行"拆开""组装"，这样也就利于幼儿的理解和接受。实际上，只要教师在真正理解和掌握教学活动的基础上，摸准难点的"脉搏"，善于设计切合实际的克服难点的方法，就能"对症下药"，做到

"药到病除"，提高课堂教学效果。

（三）遵循由浅入深、由易到难、由简到繁的教学原则

幼儿舞蹈教学活动中的教学步骤直接影响到舞蹈教学最终的效果。因此，教师一开始就要遵循科学的教学原则，制定有效的舞蹈教学步骤。

舞蹈教学活动中包括音乐节奏训练、基本动作训练和情绪情感训练等。其中，音乐是舞蹈的灵魂，因此舞蹈教学中对幼儿进行节奏训练是非常重要的；舞蹈基本动作的训练是舞蹈教学活动的核心，它在教学中的地位是不可替代的；情绪情感训练是舞蹈教学中的最后一个步骤，教师要善于运用语言和表情启发引导，使幼儿正确地表现作品。无论是这几项训练中的任意一项，教师在教学中都要注意遵循其由浅入深、由易到难、由简到繁的教学原则。如舞蹈动作的训练，当一个较为复杂的动作出现时，教师不应该只是一味地做示范，让幼儿一味地模仿，这样的教学效果一定不尽如人意。此时，教师应将动作逐一分解，如先做上肢动作、再做脚下动作，当幼儿看清楚、弄明白后再综合完成整个动作时，教学就顺畅了许多。对舞蹈动作的教学如此，对于节奏感和情绪情感的把握也是如此。如可以先让幼儿在慢的节奏下掌握动作的要领，再合上正常的音乐节奏表现舞蹈作品内容；先让幼儿理解局部动作的表现情绪，再把握整个舞蹈的情感。

总之，舞蹈教学时要按照幼儿认知发展规律合理地安排教学步骤，使幼儿在点滴积累、逐步提高、由量变到质变的认识过程中得到不断发展。

（四）实施有效的课堂教学评价

毫无疑问，课堂教学过程中的评价是课堂教学的重要组成部分，教师要通过教学评价对教学活动进行有效的组织、调控和引导。

幼儿园舞蹈教学活动的课堂教学评价指的是在舞蹈课堂教学过程中执教教师对幼儿在学习舞蹈动作、参与舞蹈活动时的表现加以评点，其中包括肯定、激励以及纠错、引导。一名有经验的教师，通常会很重视课堂教学评价，会通过有效的教学过程评价，促进教学步骤的实施和推进，在评价中实现师幼之间的情感沟通，并最终促使教学目标的达成。

教师在实施课堂教学评价时有两个方面需要注意。首先，评价要以正面评价为主。教师要善于及时捕捉舞蹈教学活动中幼儿的闪光点，利用自身的教育机智，及时恰当地评价幼儿，让幼儿体验学习中的成功与快乐，建立对舞蹈学习的兴趣和自信

心。①其次，提出不足之处时要有策略。面对幼儿做得不够好的地方，教师可以先肯定幼儿，再提出更好的建议……这样的评价语言既保护了幼儿学习的热情，又暗示了教师对他们提出的更高的要求。

总之，在实施舞蹈教学步骤的过程中，教师要发挥好评价语言这把开启幼儿思维的"钥匙"的功用。适时、灵活、有针对性、积极性的评价语言，能营造有效的教学氛围，相信孩子们会在享受学习乐趣的同时，向着更高的水平迈进。

● 第二节　幼儿园舞蹈教学教师课堂语言使用 ●

在课堂教学中，语言是驾驭教学的最直接、最主要的表现手段，若能恰如其分地使用好教学语言，会收到意想不到的教学效果。可以说，合理地运用教学语言是保证和提高教学质量的前提和基础。

 案例导引5-2

舞蹈教学中的语言具有生动、直观的特点。教师的语言越是形象生动，越能使幼儿学得巧、学得快、学得好。如教授蒙古舞《草原小骏马》时，教师首先要用教学语言把幼儿带入辽阔的大草原中。当教师用生动的教学语言描绘出牧民扬鞭、骏马在一望无垠的草原上奔跑的热烈景象并用肢体语言表现出来时，它往往就已经能调动幼儿学习的激情了。合理的教学语言的运用，可以促使幼儿在兴奋、兴趣之中完成舞蹈动作的学习。

一、什么是幼儿园舞蹈教学教师课堂语言的使用？

教师课堂语言是教师向幼儿传授知识、完成课堂任务的主要手段。教师通过课堂语言的描述、指示和说明来传授知识，强化表达效果，激发幼儿的学习热情和兴趣。

在幼儿园舞蹈教学活动中，教师通过运用生动、形象、富有动感的教学语言，激

---

① 龚蕊萍. 利用不同评价语言，提高教学活动的有效性[J]. 早期教育（教师版），2012（4）.

发幼儿的联想和想象，并引发幼儿学习与探究的兴趣，从而实现将他们带入美丽的舞蹈情境之中的目的。教师课堂语言的使用恰当与否，直接影响着幼儿对舞蹈知识的吸收以及对学习活动的兴趣和积极性，也关系到教师教育教学的效果。

二、幼儿园舞蹈教学教师课堂语言的具体内容

（一）与舞蹈技能相关的肢体语言

舞蹈教学活动是一种通过肢体语言进行的教育活动。因此，舞蹈教师肢体语言的使用有着更特别的意义。通过肢体语言，教师向幼儿展示所要学习的动作形象、结构、要领、动作线路和方法，它起到了"此时无声胜有声"的作用。教师优美、准确的肢体语言不仅可以使幼儿建立正确的动作表象和概念，了解动作的方法与要领，指导幼儿学习技术动作和进行技术练习，还可以提高幼儿的学习兴趣，激发幼儿学习的积极性。

在舞蹈教学中，教师使用肢体语言的目的，是要让幼儿通过对教师形体动作的观察，在头脑中形成清晰的记忆表象，经过思维的加工，建立起正确的动作概念。一般来说，教师的肢体语言要力求做到准确、熟练、轻快、优美、大方，使幼儿在学习活动一开始，就能受到教师肢体语言的影响，产生一种跃跃欲试的心理氛围，从而提高学习动作技能的积极性。

可以说，教师肢体语言的表达是否优美、动人是衡量一位教师舞蹈专业能力的标尺，是检验教师是否称职的关键。除了肢体语言外，教师还需要运用另一种教育方式来感染幼儿，那就是将自己的面部表情、情绪、神态传导给幼儿，使其身体语言更富表现力，更具生命力。

（二）与舞蹈知识相关的专业术语

舞蹈领域中的术语，是被广大舞蹈工作者所共同认定的、有明确指代的专业语言。舞蹈术语在教学过程中大范围的准确使用，是提高教学语言水准非常重要的环节。

舞蹈教学是以较强的实践性为其特点的，在幼儿舞蹈教学活动中，教师的教学是边示范边讲解，动作是连续进行的，因此，过多的语言讲解是不适宜的。这时就需要通过教师简洁的教学用语、专业术语做动作提示。用专业术语引导幼儿逐步掌握动作的要领和感觉以及用力的方法，可以让幼儿积累一定的动作意识和体验。①

如做《小鸟飞》的律动练习时，幼儿要做方向的移动，此时教师讲解这个动作就

---

① 王芃. 舞蹈教学中的启思导行——探索优化的舞蹈教学途径[J]. 艺术教育，2008（10）.

不能仅仅说："从这里移动到那里"，而是要用准确和简洁的专业术语——"从1点向8点移动，再转向5点……"当然，要想让幼儿明确地了解专业术语的含义，一定要在平时的教学中予以灌输、渗透。

幼儿对于舞蹈专业术语的学习和掌握，对快速提高幼儿舞蹈的技能、技巧有着积极的作用。

（三）与舞蹈教学相关的口语语言

在幼儿舞蹈教学活动中，教师传授任何舞蹈技术动作，除了自身正确、优美的示范外，还必须进行恰当的语言讲解。教师精彩的语言讲解，一方面可以激发幼儿心理活动中的注意、思考、兴趣、情绪、意志及克服各种困难的勇气；另一方面，还可以使幼儿初步建立正确的动作概念，使幼儿头脑中能快速浮现出教师教授动作的形式、方向、顺序、节奏，再通过幼儿不断的练习，达到逐步掌握完整的舞蹈动作。

舞蹈教学活动与其他教学活动相比，对幼儿产生的刺激较多，因为它不仅需要幼儿理解掌握教师传授的知识技能，还需要肢体的参与来掌握技术技能。因此，可能会有相互干扰的情况出现，或者因个别幼儿的动作有一定的偏差引起其他幼儿的各种信息反馈……这就需要依靠教师运用精练的语言指导幼儿。总的来说，教师教学中的口语语言要注意形式灵活，及时吸取幼儿的反馈信息，并对口语语言的速度、基调、音量、节奏、语气等做出及时的调节来使整体语言效果有起承转合、波澜起伏之感。

教师在舞蹈教学活动中的语言技巧是多方面的，要想提高教学质量，教师就必须熟练掌握语言技巧，并充分发挥和利用语言的艺术作用。

三、幼儿园舞蹈教学教师课堂语言的使用应注意的问题

（一）课堂语言的准确性

准确性，或称之为科学性。这是课堂语言的基本特征，也是教学最重要和最起码的要求。具体到幼儿舞蹈教学中，所谓语言的准确性，就是教师用最确切、恰当的语言表述舞蹈动作的规格和要领，使之准确无误地反映所讲授的内容。如果教师自己的表达不准确，则必然不能表达所教授动作的要领，有时甚至会引起歧义，造成幼儿理解的失误或者产生新的疑点。

每一门课程都有一套特定的概念、专业术语，知识点之间也有着内在的逻辑关系，幼儿舞蹈教学也是如此。首先，代表教师肢体教学语言的动作示范要具有准确性，要使幼儿大脑能反应出正确的动作形态，建立清晰的动作概念，能使幼儿尽快掌握技巧。其次，教师对专业术语的掌握要深、要透，要知其然也要知其所以然。第

三，教师对动作做细致的剖析和理论讲解时也要具有准确性，要使幼儿能尽快听懂、明了教师的教学意图，掌握正确的信息。

教师教学语言使用的准确性，有利于幼儿舞蹈动作的掌握、舞蹈表现力的提升和舞蹈认知的扩建。

（二）课堂语言的简练性

课堂语言的简练性，是指在教学中用最经济的语言表达最大容量的教学内容，它是由教学活动的特定环境和表达方式所决定的。

由于幼儿的认知能力较差，有意注意时间短，对于繁多冗长的话难以记忆和理解，然而一节课的时间是有限的，教师要想在有限的时间内把规定的知识传授给幼儿，课堂语言表达必须简明扼要。

在舞蹈教学中，有的教师会出现教学要求表达不到位，补充语言密度大的情况，还有的教师会出现唯恐幼儿听不清楚，特别是在提问或交代要求时往往多次重复的现象……其实，这样传递给幼儿的信息反而是模糊的，会让幼儿的思维在一定程度上受阻。需要指出的是，口语教学语言在幼儿舞蹈教学活动中并非主要内容，而是用来完成舞蹈教学任务的工具或手段，因此在采用或选用舞蹈口语教学语言时，一定要言简意赅，切中要点，产生画龙点睛之功效。

幼儿舞蹈教学活动涉及的知识内容的传授是非常丰富的，教师不能被点滴零碎的知识牵着鼻子走，这也讲，那也抓，而是要紧扣教学目的，讲到点子上，做到抓点带面。

（三）课堂语言的形象性和生动性

幼儿的年龄特点决定了他们喜欢生动的、有趣的、形象的、活泼的语言。生动形象的语言是课堂教学的润滑剂，它可以把抽象变具体，把深奥变简单，把枯燥变生动，能有效地调节课堂教学气氛，提高教学效果。实践证明，形象生动的课堂语言更容易为幼儿所理解和接受。

在教学中，许多知识点比较抽象，这就要求教师首先要用生动形象的课堂语言进行描述，让幼儿把舞蹈形象同自己对现实生活的感知进行联系和想象，从而引起他们丰富的联想和深入的思考，将对舞蹈的认识从感性认识上升到理性认识；另外，课堂语言的生动性还体现在教师应尽量使自己的语言做到高低起伏、长短结合、疏密相同、快慢适宜，能随着教学内容和教学实际的需要时轻时重、时缓时急、抑扬顿挫，只有声情并茂、和谐动听的语言，幼儿听起来才舒服悦耳，才能在舞蹈教学活动中兴趣盎然、津津有味。

教师形象生动的课堂语言不仅能对幼儿产生感染力和说服力、促使其思维活跃，也能让幼儿在新奇多趣的教学中迅速理解和记忆所学到的舞蹈知识。

（四）课堂语言的情感性

课堂教学不仅是师幼间知识的交流，同时也是一种情感交流。课堂语言的情感性，是指教师用富有情感的肢体语言和口语语言传授知识，以使幼儿受到感染，引起心理上的共鸣，达到对知识的理解和掌握。

在幼儿舞蹈教学活动中，教师要善于捕捉适当的教育时机表达自己的感情，做到"未成曲调先有情"。舞蹈本身是通过用富有艺术美感的肢体传情达意的，因此要求教师不仅在动作示范时要以情动人，以美感人，为教学营造生动和谐的氛围，还要运用富有情感的口语语言引导学生进入舞蹈的意境。只有幼儿对所感知的美有深刻的体验，才能激发他们丰富的联想和表现激情，为舞蹈的表现提供丰富的审美信息。

充满情感性的课堂语言，不但能使幼儿在形式上理解知识，而且有助于他们从内容上感受知识。教师只有注入情深意切的课堂语言，才能真正触动幼儿的心弦，引起他们心灵的颤动和共鸣，使其对教学活动产生浓厚的兴趣。

（五）课堂语言的鼓励性

鼓励性语言，是指教师借助教学评价给予幼儿比较适时而恰当的激励，它可以激发幼儿的学习兴趣，优化教学效果。在教学活动中，孩子最大的愿望是得到赏识，没有赏识便没有教育，给予孩子带有赏识性的鼓励语言，可以增强孩子的自信心、自尊心，激起兴趣和求知欲。教师恰当地运用鼓励性语言，能唤醒幼儿的主体意识，充分调动幼儿学习的积极性、主动性，这将极大地提高教学活动的质量。

如在教授新课时，幼儿的动作水平会出现参差不齐的情况，这时，教师的鼓励性语言就显得十分重要。对于舞蹈能力强的幼儿，教师可以说上一句："你真棒，老师真为你高兴"；对于舞蹈能力较弱的幼儿，教师可以说："再试一次，老师相信你这一次一定比上次做得还要好……"教师的鼓励对幼儿来说是一种力量，当幼儿一旦感到自己被教师关注和认可时，就会出现主动乐学的情景。在这种情景下进行教学，会取得意想不到的良好的教学效果。

教师在教学活动中的鼓励性语言不仅能调节课堂气氛，而且对幼儿的发展也有着重要的作用。只要教师用心地激励每一个幼儿，舞蹈教学活动就会更加充满活力。

（六）课堂语言的启发性

课堂语言的启发性，是指教师在教学活动中，运用寓有深刻含义的、灵活的启发性语言，激发幼儿积极思维，使其产生广泛的联想，从而加深对知识的理解。亚里士多德所言："教学的艺术不在于传授本领，而在于激励、唤醒、鼓舞。"因此，教师在教学过程中的教学语言要自始至终贯彻"启发"这一核心的教学原则。只有为幼儿创设一个富有启发的思维环境，才能充分调动幼儿学习的自觉性、积极性和主动性。

教师的语言是否具有启发性，在某种意义上讲，就是他的语言是否拨动了幼儿的兴趣心弦，是否对幼儿产生了激励作用。教学语言的启发性至少包含三重意义：启发幼儿对学习目的意义的认识，激发他们的学习兴趣、热情和求知欲望；启发幼儿联想、想象、分析、对比、归纳、演绎等学习方法；启发幼儿的个人情感和审美情趣。可以说，启发幼儿的积极思维，对幼儿产生心理的催动和激励作用，是教师语言的最终目标。

在幼儿舞蹈教学活动中，教师同样需要启发幼儿的积极思维。首先，教师要注意讲授舞蹈知识或动作的要领时做适当的"留白"，并通过其他语言的暗示或者烘托，激发幼儿各种分析器官协同活动，启发诱导幼儿运用已有的知识和想象去对教师所教授的知识进行补充和发挥。其次，教师还可以采用多种手段启发幼儿的思维，如通过让幼儿讨论争辩、类比联想、比喻等方式方法去引导幼儿感受、体验和理解舞蹈的知识和技能。启发性课堂语言的运用，可以促进幼儿独立思考、融会贯通地掌握知识，有利于培养幼儿的逻辑思维能力。

● 第三节　幼儿园舞蹈教学环境创设 ●

环境是重要的教育资源，环境创设的真正意义在于利用环境进行教育。合理地创设舞蹈教学环境，不仅能营造良好的舞蹈学习氛围，激发幼儿的积极思考，而且能转变其学习观念，增进学习效果。

案例导引5-3

良好的教学环境会对幼儿的学习情感产生良好的作用，舞蹈教学也不例外。教师如能为舞蹈教学活动创设最佳教学环境，不但能丰富幼儿的感性知识，而且还能激发其强烈的好奇心，引起学习的兴趣。如学习大班表演舞《扭秧歌》。在教学伊始，教师可以积极为幼儿创设良好的物质环境，当幼儿看到丰富的视频资料、图片，听到火爆热烈的音乐，拿到舞蹈表演用的扇子、红绸时，他们早已按捺不住激动的心情，随着教师的动作翩翩起舞了。当然，在教学过程中，如果教师再能给予幼儿宽松的心理环境，对他们的学习给予及时、适时的鼓励、肯定和表扬，就更会突出舞蹈的教学效果。

一、什么是幼儿园舞蹈教学环境的创设？

所谓教学环境的创设，就是为实现教学目的而架设的场所与条件。幼儿园舞蹈教学环境的创设，是幼儿园舞蹈教育的重要组成部分，决定着幼儿舞蹈学习的有效性。合理地创设和利用幼儿园舞蹈环境，能唤起幼儿的注意力和学习兴趣，使幼儿得到一种愉快、成功的体验，并保持一种积极的学习心态。

二、幼儿园舞蹈教学环境创设的具体内容

（一）物质环境的创设

陈鹤琴先生说过："怎样的环境，就得到怎样的刺激，得到怎样的印象。"物质环境是幼儿园舞蹈教学环境创设的重要一环，它能为幼儿提供一个良好的舞蹈学习氛围，更能为教师的舞蹈教育、教学提供便利。那么，如何创设幼儿园舞蹈教学活动所需要的良好的物质环境呢？首先，在教学条件较好的幼儿园，可以配备专业的舞蹈教室，室内的环境要精心布置。如可以对舞蹈教室的墙面进行设置。墙饰不仅起到装饰、美化环境的作用，更具有教育价值。当幼儿看见墙壁上绘有的"舞蹈的世界"图画里可爱的孩子们在翩翩起舞时，不仅增强幼儿对舞蹈艺术美的直观感受，也激励他们在美的环境中愉悦地学习。另外，物质环境的创设还包括玩教具、听觉以及视觉准

备等方面。如在教授民族民间舞蹈时，教师可以在认知区投放幼儿熟悉的有关各民族风土人情、生活习惯的图片、画报等。此外，教师也可以在表演区投放幼儿认识的民族服饰、乐器道具等，并鼓励幼儿穿上民族服装，手持道具，大胆自由随意地表演欢乐的民族舞蹈。为了加深幼儿对所学民间舞蹈的认识，教师还可以通过播放音频、视频资料引导幼儿走进民族民间舞蹈的殿堂。通过这些物质环境的创设，可以让幼儿了解各民族的民俗风情，帮助他们更好地理解民族舞蹈的特点，更好地表现各民族舞蹈的风格。

（二）精神环境的创设

精神环境是一种隐性的环境，也可以理解为是一种气氛、一种感觉。它虽然是无形的，但却直接影响着幼儿的情感。精神环境的创设是幼儿园舞蹈教学活动中更为重要的一面。在舞蹈教学中，要为幼儿提供一个能使他们感到安全、温暖、平等、自由，能鼓励他们探索与创造的精神环境，幼儿才能在活泼愉快、积极主动、充满自信的精神状态下进行学习，以获得最佳的学习效果。

幼儿园舞蹈教学活动是教师教和幼儿学的双边活动，教师要调动幼儿参与学习，就要真正建立起宽松的、良好的精神学习气氛。这是因为幼儿的心理尚未成熟，其行为是他控的，情感也稚嫩、脆弱，因此，需要教师的保护与关爱。幼儿对于教师的关注是十分敏感的，教师的一句话、一个动作、一种表情、一个眼神都会对幼儿产生暗示作用，或积极的，或消极的。因此，要培养幼儿的创新意识，教师必须为幼儿创设良好的心理环境。在心理轻松和自由的环境中，幼儿的心情轻松愉快，无压抑感，容易形成创新意识。如在幼儿即兴舞蹈活动中，教师可以让几位幼儿根据一首音乐来创编一个小舞蹈，此时的教师不要去干预他们，让他们按照自己对音乐的理解创编舞蹈动作。当活动结束时，我们会惊奇地发现：在没有教师帮助的条件下，几个孩子完全可以表演完成一个带有情节性的小舞蹈。从故事的发生到展开，以及各种人物形象的表现等，几乎是面面俱到……在这里，孩子的想象力和创造力得到了充分的发展和体现。

可以说，幼儿主动探索求知的欲望是由环境决定的，在什么样的环境下，受什么样的熏陶，也就打下了什么样的探索求知烙印，所以，创设适宜的精神环境对幼儿来说尤为重要。

三、幼儿园舞蹈教学环境创设的基本原则

（一）教育性原则

环境的创设是幼儿园舞蹈教学活动的一部分，是教学活动设计与实施的要素。在舞蹈教学活动中，环境创设就像"骨架"，它能把教学活动涉及的各个方面逐一呈现出来，使环境与教学活动形成有效的互动。而教师在创设环境时，首先要考虑它的教育性，考虑创设的环境是否有利于教学目标的全面实现。

如教授大班舞蹈《金孔雀轻轻跳》。这是一个傣族舞蹈，动作韵味相对难领会。在指导这一舞蹈时，教师可以和幼儿共同收集关于傣族风土人情的图片、音乐、视频资料等，让幼儿对傣族舞蹈的特征有一个感性的认识。另外，作为环境创设的一部分，道具也是舞蹈教学活动中必不可少的物质材料，它能吸引、激发幼儿参与教学的愿望与兴趣，提示幼儿在一定情境中进行表演。于是，美工课上，教师可以教授幼儿制作纸工的孔雀皇冠，并将它运用到孔雀舞的教学活动中。当幼儿带上亲手制作的孔雀皇冠，感觉自己真的成为一只高傲、美丽的小孔雀时，他们在舞蹈中难道还会缺少表现力和创造力吗？这一个小小的舞蹈教学活动就深刻地体现了环境创设的教育性原则。它不仅有利于舞蹈教育教学目标的顺利实现，达到为教育目标服务的目的，同时，还促进了幼儿的全面发展。

教学环境的创设与教育目标相一致，可以很好地支持幼儿与周围环境的相互作用，在为孩子们创造一个良好舞蹈学习的意境的同时，也有利于引发幼儿对于舞蹈教学活动的探索。

（二）整体性原则

从整体出发，对教学环境的各个方面进行统筹设计与规划。一节舞蹈教学活动课程的成功与否，首先要看组织的活动能否最大限度地促进幼儿的发展。因此，教师除创设物质环境和精神环境外，还要了解和掌握本班幼儿现有的舞蹈能力与水平。只有让幼儿将与舞蹈教学活动相关的知识经验积累到一定程度，使内部与外部教学环境的创设统一为一个整体，才能更好地实现教学目标，使教学活动收到最好的效果。

如学习幼儿表演舞《我有一头小毛驴》。舞蹈中要求幼儿能按照音乐的节奏，用脚下的踮趾小跑步配合上肢与头部动作协调进行。这个动作有一定的难度，也是教学活动的重难点，如果教师在组织舞蹈教学活动时直接教授动作很可能会降低目标达成度，影响活动的有效性。于是，教师可以利用其他活动（如户外活动）为舞蹈教学活动的顺利开展做好铺垫。我们可以先向幼儿提供《我有一头小毛驴》的音乐，让幼儿初步熟悉音乐的旋律和节奏，了解踮趾小跑步的基本动作特征，能合着音乐节奏单一

地完成动作。这一系列教学活动的预热工作完成后，随后舞蹈教学活动的开展，就会轻松、顺利很多。

整体性原则作为教学环境创设的一种隐性原则，从设计到实施，必须密切配合幼儿园舞蹈教学活动的具体内容，并需要根据教学的实际开展进行调整，达到为教学活动的探索提供必要的支持的目的。

（三）主体性原则

心理的安全、自由是促进幼儿主体性发展的两个主要条件。而教学环境的创设是顺利开展舞蹈教学活动的基础与前提，也是发挥幼儿主体性原则的良好契机。这里我们所强调的主体性原则主要是指教师应为幼儿创设一个平等、和谐、温馨，有利于幼儿主体性发展的舞蹈教学环境。这个环境可以让幼儿呼吸到"自由的空气"，使他们学习起来没有精神压力、没有心理负担，这样不仅能保持心情的愉悦和注意力的集中，还能对周围环境进行自主、能动地探索并形成创新意识和能力。因此教师在舞蹈教学活动中应注意创设积极的心理环境，提升幼儿的情感体验，以激发幼儿学习的主动性。

如创编音乐游戏《小蝌蚪找妈妈》。当教师提出："小蝌蚪是在水里游的，那么，它的妈妈有可能是谁呢？"这时幼儿的回答必然是积极的、踊跃的。只听他们说道："是鸭妈妈、是大白鹅、大乌龟、大鱼……"此时，教师请各组幼儿按照自己的设想，创设游戏活动。于是，我们就看到了带有鸭子、白鹅、乌龟、鱼等不同动物形象特征的游戏情景……游戏的最后，教师宣布答案："小蝌蚪的妈妈原来是小青蛙，小青蛙不仅会游泳，还会在陆地上蹦跳捉害虫，有没有小朋友可以用肢体动作表现小青蛙的形象特征……"

遵循教学环境创设的主体性原则可以形成良好的舞蹈教学活动气氛，有利于幼儿的主动参与以及幼儿间的相互合作学习。和谐的、主体性的教学环境创设，可以促进幼儿知识和技能的有效生成发展。

四、幼儿园舞蹈教学环境创设的意义

（一）激发幼儿学习的兴趣

兴趣是最好的老师，良好的教学环境的创设，可以激起幼儿的学习兴趣，引导幼儿积极主动地参与学习，自主地探索获得知识。我们发现只有创设一种与舞蹈教学活动相和谐的环境、气氛，才能使幼儿很快地进入教学情境中，把自己对舞蹈的理解、感受用肢体语言表达出来。

皮亚杰指出，儿童活动受兴趣和需要支配。教师为幼儿创设必要的物质环境，如利用实物、直观教具等进行舞蹈教学，不仅符合幼儿好奇、好动的特点，易于幼儿对教学内容的理解和接受，还可以最大限度地调动幼儿学习的积极性，激发幼儿的学习兴趣。

如教授歌表演《学做解放军》。经过精心的物质环境的创设（道具的准备），教师可以请几名幼儿穿上小军装，背上小木枪，配合歌曲的内容做出"吹喇叭、敲锣鼓、开大炮"的姿态来表现解放军的飒爽英姿……解放军这一独特的形象魅力吸引着幼儿，引起了幼儿极大的学习、表现欲望。在幼儿进行学习、表演舞蹈的同时，也帮助他们很好地理解了歌曲所要表达的内容。

（二）促进幼儿认知的发展

环境是幼儿个体心理发展的根本途径，它对幼儿身心发展起着重要作用，幼儿的发展也正是在与周围环境的相互作用中实现的。根据行为主义心理学家华生的观点，人的行为就是"刺激—反应的联结，通过刺激可以预测反应，通过反应可以预测刺激"。幼儿园舞蹈环境的创设作为幼儿园舞蹈教学活动中的一种刺激条件，具有明确的指向性，当教师将学习的目标蕴含于环境的创设中，让环境与幼儿产生对话以激发幼儿学习的主动性与积极性时，即可以影响或促进幼儿认知方面的发展。

如学习舞蹈律动《谁会飞》。"谁会飞呀鸟会飞，鸟儿鸟儿怎样飞？扑扑翅膀飞呀飞。谁会游呀鱼会游，鱼儿鱼儿怎样游？摇摇尾巴点点头。谁会跑呀马会跑，马儿马儿怎样跑？四脚离地身不摇。谁会爬呀虫会爬，虫儿虫儿怎样爬？有脚没脚都会爬。"在这个律动里面，涉及多种动物的形象特征，教师可以鼓励幼儿及其家长一起搜集有关动物的图片、模型等，展示在教室，让幼儿仿佛置身于动物世界之中。在与周围环境、材料的相互作用中有效地促进了幼儿对所学知识的了解和掌握，同时也激发了幼儿对舞蹈学习和探究的兴趣与愿望。

（三）促进幼儿情绪情感的发展

宽松和谐的活动氛围是幼儿学习知识、获取经验、习得能力的前提。而一个宽松和谐的活动氛围不仅指幼儿有充分的时间和空间去探索学习，还应包含良好的师幼、幼幼间的交往交流，教师对幼儿行为表现的反应态度等。只有当孩子真正成为环境的主人，他才可能按他发展需要的方式与环境互动，那么这个环境对他而言才是积极有效的。

教师是一个引导者、合作者和支持者。当教师为幼儿创设一个充满关爱、温暖、尊重和支持的精神环境，使幼儿获得充分的安全感、被尊重感和接纳感时，幼儿的情绪情感才会得到充分发展。

如在舞蹈教学活动中，教师可以适时用表扬和鼓励的言语激发幼儿的上进心，增强其自信。如"××，你这个动作做得真美，再给小朋友表演一下。""××，你能用好听的声音把你创编的这个舞蹈的故事情节讲给小朋友听吗？"……这样既能使孩子看到自己的进步，体验到成功的快乐，又能促进孩子个性的良好发展，以积极高涨的情绪参与到舞蹈教学活动中。

话题小结

教学步骤的设置，指的是在教学活动中，根据不同的教学目标、学习阶段和学习对象所采用的切实可行的教学方法和教学手段。由于幼儿对客观事物的认识是一个由简到繁、由易到难、由直观到抽象的过程，他们对于舞蹈动作的掌握更是受到生理机能的制约，因此，合理地设置幼儿舞蹈教学活动的课堂教学步骤，可以使幼儿科学地、系统地掌握舞蹈知识、技能和方法。幼儿园舞蹈教学步骤的设置包括感知阶段、理解阶段和巩固阶段。

幼儿园舞蹈教学步骤的设置应注意：（1）适当地调整教学策略；（2）解决好教学中的重点与难点；（3）遵循由浅入深、由易到难、由简到繁的教学原则；（4）实施有效的课堂教学评价。

教师课堂语言是教师向幼儿传授知识、完成课堂任务的主要手段。在幼儿园舞蹈教学活动中，教师通过运用生动、形象、富有动感的教学语言，激发幼儿的联想和想象，并引发幼儿学习与探究的兴趣，从而实现将他们带入美丽的舞蹈情境之中的目的。

幼儿园舞蹈教学教师课堂语言包括：（1）与舞蹈技能相关的肢体语言；（2）与舞蹈知识相关的专业术语；（3）与舞蹈教学相关的口语语言。

幼儿园舞蹈教学教师课堂语言的使用应注意：（1）课堂语言的准确性；（2）课堂语言的简练性；（3）课堂语言的形象性和生动性；（4）课堂语言的情感性；（5）课堂语言的鼓励性；（6）课堂语言的启发性。

教学环境的创设，就是为实现教学目的而架设的场所与条件。幼儿园舞蹈教学环境的创设，是幼儿园舞蹈教育的重要组成部分，决定着幼儿舞蹈学习的有效性。合理地创设和利用幼儿园舞蹈环境，能唤起幼儿的注意力和学习兴趣，使幼儿得到一种愉快、成功的体验，并保持一种积极的学习心态。幼儿园舞蹈教学环境的创设包括物质环境的创设和精神环境的创设。

幼儿园舞蹈教学环境的创设应遵循：（1）教育性原则；（2）整体性原则；（3）主体性原则。

幼儿园舞蹈教学环境创设的意义是：（1）激发幼儿学习的兴趣；（2）促进幼儿认知的发展；（3）促进幼儿情绪情感的发展。

 自我评量

一、简述题

1.幼儿园舞蹈教学步骤的设置包括几个阶段？

2.幼儿园舞蹈教学教师课堂语言包括哪几个方面？

3.幼儿园舞蹈教学环境的创设包括什么？

4.幼儿园舞蹈教学环境创设的基本原则是什么？

二、论述题

1.幼儿园舞蹈教学步骤的设置应注意什么？

2.幼儿园舞蹈教学教师课堂语言的使用应注意什么？

3.幼儿园舞蹈教学环境创设的意义是什么？

| 第六章 |

幼儿园教师舞蹈技能训练

 学习目标

1. 了解和掌握幼儿园教师舞蹈技能训练的定义、目的以及舞蹈基本技能训练的常用术语。
2. 了解和掌握幼儿园教师舞蹈技能训练的基本动作。
3. 了解和掌握幼儿园教师民族民间舞蹈训练的基本理论知识、风格特点及动作、韵律特征。

● 第一节　幼儿园教师舞蹈技能知识 ●

　　舞蹈基本技能的训练是对舞蹈者形体、姿态，腰腿的软度、力度、控制及跳转，基本舞姿，舞蹈风格特征等方面最基础的训练。科学的训练方法和内容会让学习者身体的协调性、灵活性、柔韧性、力度、风格性等方面得到更好的发展。另外，正确的舞姿、舞步训练会促使学习者对动作的规格和要领有更进一步的掌握，这也将直接影响着幼儿舞蹈教学的质量。

> **案例导引6-1**
>
>
>
> 　　幼儿舞蹈教学的特点是让幼儿参与到舞蹈肢体表达中，通过自己的理解和教师的指导进行动作的模仿和表现。因此，教师需要积累一定的专业技能知识才能更好地开展舞蹈教学活动。例如，教师在教授手腕花动作时就应该明确，在民族民间舞蹈中，维吾尔族舞蹈的手腕花和东北秧歌的手腕花完全不一样……只有教师掌握好各种舞蹈的基本风格、动律和韵律，才能在课堂上准确地做出示范动作。真正做到：做得清楚，说得明白。

一、什么是舞蹈基本技能的训练？

舞蹈基本技能的训练既包括舞蹈中所称的基本功训练（简称基训），也包括舞蹈专业领域内相关的知识与技能（如古典舞、芭蕾舞、民族民间舞）的训练。基训是指舞者通过训练掌握正确的身体形态以及肢体的柔韧度，提高其各部肌肉的紧张、松弛的控制能力和各关节的柔韧力量，培养其音乐感和伴随音乐灵活、自如地运用手、眼、身法、步等各种动作的能力。而舞蹈其他相关能力的训练，可使舞蹈者在学习舞蹈的过程中强化舞蹈气质，是动作技能与心智技能形成的最基本、最可靠的途径。

二、幼儿园教师为什么要进行舞蹈基本技能的训练？

舞蹈教学的特点决定了教师必须具备完成本专业的技能技巧的演示能力，才能使幼儿对舞蹈动作有一个直观的感受，它有利于幼儿对动作有更好的理解和掌握。通过教师的示范表演，可以使幼儿清晰地感受到舞蹈的艺术形象。另外，教师对动作准确的分析和处理，不仅揭示了舞蹈作品的思想内容，促进幼儿想象思维能力和立体形象思维能力的发展，还能使幼儿有表情、有感情地表演。

三、舞蹈基本技能训练的常用专业术语

【舞蹈动作】舞蹈动作是舞蹈的最基本的单元。它包括上身的舞姿和下身的舞步。

【节拍】在音乐中，时间被分成均等的基本单位，每个单位称为一节拍。或者说，节拍就是音乐中每一小节的拍子数。

【节奏】音乐的节奏是指音乐运动中音的长短和强弱按照一种有规律的、连续进行的完整运动形式加以组织，构成前后连贯的有序整体。

【体态】舞蹈者身体的基本姿态。

【韵律】所谓韵律是身体有组织的张弛、起落结合，是一种内在的节奏。它指舞蹈者在舞蹈的过程中，让身体的外在动作融合于舞蹈的内在气韵中。

【风格】在整体上呈现出的具有代表性的独特面貌简称为风格。舞蹈的风格体现在舞蹈语汇上，涵括了对历史文化、区域空间、人物个性的不同表现。

【身体重心】身体重心是身体重量的中心。它的位置取决于身体各环节重量的分布情况。

【亮相】源于中国古典舞表演中的一种技法，它常出现于舞蹈动作流动的瞬间或舞蹈组合结尾的停顿之时，表现为加强节奏感的一个"舞姿造型"。舞蹈亮相的存在和变化，使舞蹈显现了动中有静、静动对比有序的美的规律。

【舞蹈表情】舞蹈表情是通过舞蹈的全部动作和全身心的动态来体现的。它对揭示人物的内在心理活动，表现多种情绪的变化具有重要的作用。

【身向】身体正面所朝的方向即身向。

【眼视】眼睛所看的方向即眼视。

【主力腿】支撑重心的腿，即称"主力腿"。它与动力腿的配合，对保持身体平衡以及形成各种姿态起着重要作用。

【动力腿】不带任何重心的，作出各种姿态、造型的腿，即称"动力腿"。

【舞台方位】舞蹈场记（舞蹈者的位置和走向、路线）专用以明确方向的名称，共八个方位。即舞台正前方为第一方位，右侧前方为第二方位，右旁为第三方位，右侧后方为第四方位，正后方为第五方位，左侧后方为第六方位，左旁为第七方位，左侧前方为第八方位。为叙述方便称为第一至第八方位，依次简称为第1点—第8点。

【人体方位】舞蹈动作多采用此种方位。即以身体本身的前、后、左、右为定位，分别为：前、后、左、右、左侧前、右侧前、左侧后、右侧后。

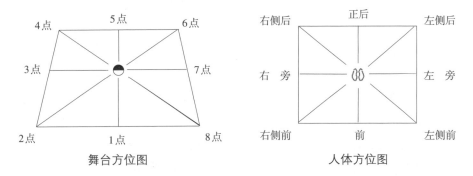

舞台方位图　　　　　　　　　　　　　　人体方位图

【舞蹈构图】是指编导为表现舞蹈作品的主题思想，交代环境情节和塑造舞蹈形象，按美感效果的要求，在舞台空间安排和处理各种人物的关系及位置。

【主题动作】指一个舞蹈或一个舞蹈形象最重要的、成为核心的动作。

● 第二节　幼儿园教师舞蹈基本技能训练 ●

舞蹈是一种以人的身体动作、手势、表情、舞姿等为主要表现手段来表达思想内容的艺术形式。而舞蹈基本技能训练是舞蹈表演的基础，也是我们在舞蹈学习中基本功强化、舞蹈气质与舞姿形成的关键。作为技术性较强的一门专业课程，其目的在于使舞者身体的各个部位更加灵活、协调，更容易支配自己的身体，提升舞蹈表演时的动作美感和规范性。

 案例导引6-2

　　让教师正确了解、掌握舞蹈中身体的正确位置及其各部位的功能与作用十分必要，因为它是科学、合理、有效地进行舞蹈训练的前提与保障，可使幼儿在训练中避免身体受到损伤。例如：在把杆上做"蹲"的动作时，一定要强调膝盖对着脚尖的方向，否则会对膝盖造成损伤；压腿时不能压膝盖，否则会练成"膝过伸"；脚的外开训练过多，而内收的训练过少，会造成踝关节的损伤……只有认识并了解舞蹈基本的技能训练知识，才能使教师不陷入盲目的训练，进而更完美地展现施教者与受教者妙曼的舞姿舞韵。

一、幼儿园教师舞蹈技能训练的上肢动作

（一）中国古典舞的基本手形和手位

【兰花指】中国古典舞基本手型。表现为中指指根用力向外推，大拇指贴近中指，其余三指靠近中指，手指尖尽量地向上翘起。（图6-1）

【叉腰手】双手虎口掌形，叉在身体前胯与腰之间的位置。（图6-2）

【双背手】双手兰花指或掌式手形背于身后臀部。（图6-3）

【单按手】一只手按于身前，臂成弧形，与胃同高（距胃一竖掌余）。兰花指或掌式手形，手指微向上，手心对前斜下方，从肩到手形成一个弧形。（图6-4）

【单山手】一只手臂在身旁抬起，高度与肩平。兰花指或掌式手形，手腕稍扣，掌心向外，掌背朝里，手指微向上。整个手臂微向里屈，略呈圆弧状。（图6-5）

【单托手】一只手臂举至头，手的位置在额前上方，略呈圆弧状。兰花指或掌式手形，手心向斜上方，食指对眉梢。（图6-6）

【双山手】双手均在"单山手"位置上称"双山手"。（图6-7）

【双按手】双手在"单按手"位置上交叉称为"双按手"。注意交叉点在手腕，双手手腕下压，指尖立起。（图6-8）

【双托手】双手均在"单托手"位置上称"双托手"。（图6-9）

【顺风旗】一手做单山手，另一手做单托手。注意两手指尖相对。（图6-10）

【托按手】一手做单托手，另一手做单按手。（图6-11）

【山按手】一手做单山手，另一手做单按手。（图6-12）

【斜托手】双手上举于旁斜上位。或一臂于旁斜上位，另一臂于旁平位。兰花指或掌式手形，掌心向上，手指外翘。（图6-13）

【提襟】双手虚握拳提于胯旁，拳眼与胯相平，肘架起手臂保持弧线，手腕略翘。（图6-14）

图6-1　兰花指

图6-2　叉腰手

图6-3　双背手

图6-4　单按手

图6-5　单山手

图6-4至图6-43
舞蹈动作示范视频

图6-7　双山手

图6-6　单托手

图6-8　双按手

图6-9　双托手

图6-10　顺风旗

图6-11 托按手

图6-12 山按手

图6-13 斜托手

图6-14 提襟

（二）中国古典舞的基本手臂舞姿

【晃手】是手臂舞姿的连接动作。手臂在"前下位"准备，双臂左起（或右起），经体前划一立圆即"晃手"。单手做，称为"单晃手"；双手做，称为"双晃手"；双手交替做，称为"交替晃手"。"晃手"可依据划圆的幅度大、小做成"小晃手"（以手腕为轴）、"中晃手"（以肘为轴）、"大晃手"（以肩为轴）。（图6-15至图6-18）

【盖手】是手臂舞姿的连接动作。手臂在"旁斜下位"准备，双臂抬起，掌心向上至"上位"双手交叉，之后掌心向下经体前立圆落至"旁按手位"。可做成"双盖手"或"单盖手"，此动作起到连接、变换"手位"和"舞姿"的作用。（图6-19至图6-21）

【分手】是手臂舞姿的连接动作。手臂交叉在"前下位"准备，用手腕（提腕）带动，经上弧线分开至旁斜上位即"分手"，动作的运行路线有如"花蕾绽开"。可分为

"单分手"和"双分手"。（图6-22至图6-24）

【小五花】双手内侧手腕相对，以腕为轴，上下交错各做一个完整的盘腕动作。（图6-25至图6-28）

【盘手】以腕为轴，手心向上，手掌向上绕一周为上盘手；向下绕一周为下盘手。（图6-29至图6-32）

【云手】双手保持一定距离交错做盘腕，也可以说是"小五花"动作的放大。可依据动作的幅度大、小做成"大云手"和"中云手"。（图6-33至图6-36）

【摇臂】双臂在身体两侧交替由前向后各划立圆，肩、腰随双臂自然环动。（图6-37至图6-40）

【分晃手】是手臂动作的一种。具有"分手"和"晃手"的双重特点。手臂动作同"晃手"，双手同时由里经上向外"分晃"。

【穿手】一手在外，另一手在里用指尖带动刺出。可在上方、下方、前方、斜上方、斜后方等不同的方向上做。（图6-41至图6-43）

图6-15　晃手1

图6-16　晃手2

图6-17　晃手3

图6-18　晃手4

图6-19　盖手1

图6-20　盖手2

图6-21　盖手3

图6-22　双分手1

图6-23　双分手2

图6-24　双分手3

图6-25　小五花1

图6-26　小五花2

图6-27　小五花3

图6-28　小五花4

图6-29　盘手1

图6-30　盘手2

图6-31　盘手3

图6-32　盘手4

图6-33　云手1

图6-34　云手2

图6-35　云手3

图6-36　云手4

图6-37　摇臂1　　　　　　　　　　　　图6-38　摇臂2

图6-39　摇臂3　　　　　　　　　　　　图6-40　摇臂4

图6-41　穿手1　　　　　图6-42　穿手2　　　　　图6-43　穿手3

（三）芭蕾舞的基本手形和手位

【手形】拇指指尖约按在中指的第二关节线处，食指离开其他三指（其他三指微并拢）。（图6-44）

【一位】双手在身前下垂，手臂略呈弧形，两臂合成一个圆形，肘关节略用力前顶，手心朝上，两手手指相距一拳，手掌与身体也相距一拳。（图6-45）

【二位】保持一位手的形态，双臂平平地向上端起至手心与胃部平行，肩、肘、腕、指呈向下弧线。（图6-46）

【三位】保持二位手的形态，双臂同时向上抬起至额前上方，抬眼即能看到。（图6-47）

【四位】一臂三位手位置上，另一臂保持原有形态下降到二位手的位置。（图6-48）

【五位】一臂三位手位置上，另一臂从二位向旁扩张出去到正旁稍靠前。（图6-49）

【六位】向旁打开的手臂不动，另一臂从三位下落到二位。（图6-50）

【七位】向旁打开的手臂不动，另一臂从二位向旁扩张出去到正旁稍靠前。（图6-51）

图6-44　手形

图6-45　一位

图6-46　二位

图6-47　三位

图6-48　四位

图6-49　五位

图6-50　六位

图6-51　七位

二、幼儿园教师舞蹈技能训练的下肢动作

（一）中国古典舞的基本脚位

【正步】两脚内侧靠拢，脚尖对前方，重心在双脚上。（图6-52）

【小八字步】两脚跟靠拢，脚尖分开，分别对应2点和8点。（图6-53）

【丁字步】（以右脚为例）右脚跟靠拢左脚窝，脚尖方向同小八字步。（图6-54）

【大八字步】两脚跟间距约为一脚半，其他同小八字步。（图6-55）

【踏步】（以右脚为例）脚尖向前，左脚向右后踏，脚掌着地，与右脚跟成一横线。右腿直立为重心，左腿微屈，两膝前后重叠。（图6-56）

【虚步】一腿为主力腿，另一腿向可能的任何一个方向伸出点地。（图6-57）

【弓箭步】（以右前弓箭步为例）正步位站立，右脚顺脚尖方向迈出，屈膝，小腿垂直于地面，左腿直，重心在中间。一脚向旁即为旁弓箭步。（图6-58至图6-59）

图6-52　正步

图6-53　小八字步

图6-54　丁字步

图6-55　大八字步

图6-56　踏步

图6-57　虚步

图6-58　前弓箭步

图6-59　旁弓箭步

（二）芭蕾舞的基本脚位

【一位】两脚跟靠拢，脚尖外开，形成一条直线。（图6-60）

【二位】在一位的基础上，两脚向旁打开，两脚跟之间间距约为一脚。（图6-61）

【三位】在二位的基础上，一脚脚后跟向另一脚脚心靠拢，保持外开状。（图6-62）

【四位】两脚外开，一脚在另一脚的正前方，两脚相距约为一竖脚。（图6-63）

【五位】在四位的基础上，两脚前后重叠、并紧。（图6-64）

图6-60　一位

图6-61　二位

图6-62　三位

图6-63　四位

图6-64　五位

三、幼儿园教师舞蹈技能的基本训练

（一）地面的基本姿态和训练

【绷脚】脚腕伸展，脚背向上拱，脚尖向下压。与腿部形成一个流线型的优美造型。（图6-65）

【勾脚】脚腕收缩，与小腿的弯曲度超过90°。脚尖勾起，与腿部形成勾曲式造型。（图6-66）

【勾趾】在绷脚的位置上，脚趾向上勾起。勾趾时，脚背仍保持绷直。（图6-67）

【伸坐】坐地，双腿并拢成正步位（或小八字位）向前伸直。上体直立。"绷脚"或"勾脚"。（图6-68）

【对脚盘坐】盘腿坐地上。脚心相对、相贴；大腿与小腿的弯曲度为150°左右。上体直立，膝外侧部要求贴地。（图6-69）

【交叉盘坐】坐地、屈膝、小腿交叉盘坐，左（右）腿在上，上体直立。（图6-70）

【坐盘】坐地，屈膝，双腿重叠、夹紧。（图6-71）

【双跪坐】跪地，大腿与小腿屈叠在一起，小腿的膝盖、胫骨、脚背贴地，臀部坐于脚跟上，双膝并拢，上体直立。（图6-72）

【双跪立】膝部弯曲跪于地面，脚背绷直与小腿贴于地面。小腿与大腿成90°。（图6-73）

【仰卧】仰面躺卧。双腿并拢、"绷脚"伸直。可"正步位"或"小八字位"。（图6-74）

【伏卧】身体趴伏在地面。双腿并拢、"绷脚"。可"正步位"或"小八字位"。（图6-75）

【侧卧】身体一侧卧地。双腿伸直、并拢。卧地一侧的手臂伸向头上，耳贴于臂。另一臂屈肘于胸前，距胸一掌，支撑于地面。（图6-76）

【蛙式】"伏卧"。"绷脚"、屈膝、大腿与小腿成90°。脚心相对，腿部内侧贴地。多用于幼儿的压胯练习。（图6-77）

【前（旁）吸腿】伸坐位、仰卧位或站位舞姿，正步位绷脚准备。右腿（以右腿为例）屈膝，脚尖顺另一腿内侧上提至所需要的高度，即小、中、大吸腿。亦可做旁吸腿。做旁吸腿（侧卧）时，注意动力腿外转成外开位、骨盆固定不动。（图6-78至图6-79）

【前（旁、后）抬腿】伸坐位、仰卧位或站位舞姿，正步位或小八字位准备。右腿（以仰卧、右腿为例）由起始位向上抬起。抬起的幅度分别为45°、90°、180°。后抬腿亦可做成单跪立舞姿。绷脚或勾脚均可。（图6-80至图6-82）

幼儿园舞蹈教学活动设计与指导（第二版）

【压腿】在竖叉的基础上，上身拉长前俯贴腿（前压腿）或向后下腰（后压腿）；横叉时上身向旁弯腰（旁压腿）。注意肩正胯正。（图6-83至图6-85）

【前（旁、后）踢腿】仰卧位或站位舞姿，正步位或小八字位准备。右腿（以仰卧、右腿为例）由起始位向上踢起。注意前、旁大踢腿时主力腿不动，动力腿直膝绷脚（或勾脚）迅速向上踢起，落地时要轻。后踢腿时可单膝跪地，动力腿直膝绷脚迅速向后踢起，落地时要轻。

【绞柱】双腿伸直90°抬起，开横叉，由旁收回成绷脚。或经右十字腿、竖叉、横叉、左十字腿收回（亦可单腿做）。（图6-86至图6-89）

【掰肩】双腿跪坐或站立舞姿。低头，双手手指交叉相握，直臂上举向后掰肩。（图6-90）

【挑胸】双肩放松，胸主动向上挑起，脖子放松，头自然状态不离地。（图6-91）

【腹肌练习】仰卧，双腿直膝抬起，绷脚离地约25°；或上肢与双脚同时抬起相碰。（图6-92）

【背肌练习】俯卧，双腿直膝抬起，绷脚离地约25°；或上肢与双脚同时抬起。（图6-93）

【侧腰肌练习】侧卧，双腿直膝抬起，绷脚离地约15°；或下肢不动，上肢抬起（可两人一组，一人压住另一人的腿）。（图6-94）

图6-65　绷脚

图6-66　勾脚

图6-67　勾趾

图6-68　伸坐

图6-69 对脚盘坐

图6-70 交叉盘坐

图6-71 坐盘

图6-72 双跪坐

图6-73 双跪立

图6-74 仰卧

图6-75 伏卧

图6-76 侧卧

图6-78至图6-94
舞蹈动作示范视频

图6-77　蛙式

图6-78　前吸腿

图6-79　旁吸腿

图6-80　前抬腿

图6-81　旁抬腿

图6-82　后抬腿

图6-83　前压腿

图6-84　后压腿

图6-85　旁压腿

图6-86　绞柱1

图6-87　绞柱2

图6-88　绞柱3

图6-89　绞柱4

图6-90　掰肩

图6-91　挑胸

图6-92　腹肌练习

图6-93　背肌练习

图6-94　侧腰肌练习

（二）把杆的基本姿态和训练

【双手扶把】身体正对把杆，离把杆约半步距离，双手与肩宽，轻扶把杆，肘向下，自然放松，重心略向前。（图6-95）

【单手扶把】身体侧对把杆，离把杆约半步距离，里侧手轻扶把杆，肘向下，自然放松，重心略向前。（图6-96）

【擦地】前擦地——重心在主力腿上，动力腿绷脚向前擦出。擦地时脚跟往前顶，脚跟、脚心至脚掌逐次离开地面，成脚尖点地。动力腿脚尖与主力腿脚跟成一条直线。然后按原路线，由脚尖带领，收至原位。（图6-97）

旁擦地——重心在主力腿上，动力腿绷脚向旁擦出。擦地时脚跟往旁顶，脚跟、脚心至脚掌逐次离开地面，成脚尖点地。然后按原路线，由脚尖带领，收至原位。（图6-98）

后擦地——重心在主力腿上，动力腿绷脚向后擦出。擦地时脚尖先走，动力腿脚尖与主力腿脚跟成一条直线。然后按原路线，由脚跟带领，收至原位。（图6-99）

【蹲】半蹲——膝对脚尖方向下蹲，全脚压在地上，下蹲到最大限度，臀部与地面成一条直线，上身垂直。（芭蕾）可在一位、二位、三位、四位、五位上做。（图6-100）

全蹲——在半蹲的基础上深蹲，脚跟被迫抬起，膝与脚尖方向一致，上身垂直。（芭蕾）可在一位、二位（全脚压在地面上）、三位、四位、五位上做。（亦可在中国古典舞的小八字位、大八字位及踏步位上做）（图6-101）

【弯腰】前弯腰——也称前屈。双跪坐、单跪坐或站立舞姿准备。有两种形式：一种是折叠式，要求腹、胸、头与腿部贴靠在一起；另一种是自然式，上体自然前俯，手下垂碰到脚尖。（图6-102）

旁弯腰——也称旁屈。双跪坐或站立舞姿准备。由头部带动向旁倾倒，然后肩、胸、肋部、腰部依次向身旁弯曲。旁屈时一侧肌肉收缩，另一侧肌肉伸展。注意骨盆固定不动。（图6-103）

后弯腰——双跪坐或站立舞姿准备。由头部带动，然后肩、胸、肋部、腰部依次向后弯曲。（图6-104）

【控腿】控前腿——动力腿经向前擦地抬起90°或更高，保持姿势不变。（图6-105）

控旁腿——动力腿经向旁擦地抬起90°或更高，保持姿势不变。（图6-106）

控后腿——动力腿经向后擦地抬起90°或更高，保持姿势不变。（图6-107）

图6-95　双手扶把

图6-96　单手扶把

图6-97　前擦地

图6-98　旁擦地

图6-99　后擦地

图6-97至图6-107
舞蹈动作示范视频

图6-100　半蹲　　　　　图6-101　全蹲　　　　　图6-102　前弯腰　　　　图6-103　旁弯腰

图6-104　后弯腰　　　　图6-105　控前腿　　　　图6-106　控旁腿　　　　图6-107　控后腿

（三）中间训练

【圆场步】中国古典舞基本步法之一。（女）正步位，两膝相靠，一脚迈出至另一脚脚掌处，脚跟先着地逐步压到脚掌、脚尖，两脚交替进行。注意上体保持平稳，步法可快可慢。（图6-108至图6-111）

【花邦步】中国古典舞基本步法之一。（女）正步位，立半脚掌，两脚小幅度地交替快速移动。注意双膝松弛，步法可进、退及横移。（图6-112至图6-113）

【掰扣步】中国古典舞基本步法之一。动力脚绷脚出脚，脚腕先向内旋，再用脚腕发力，脚尖向外画半圆。两脚交替行进。（图6-114至图6-115）

【小跳】（以芭蕾一位小跳为例）脚站一位，双手叉腰。经蹲双脚推地跳起，空中保持一位，直膝绷脚，然后落地一位蹲，再伸直。（图6-116至图6-117）

【平转】中国古典舞基本旋转动作之一。小八字位准备，立半脚掌，一脚向旁上步，辗转180°时，再另一脚上步，辗转180°。注意头部的"留"和"甩"，转动时两腿要直立、尽量并拢，重心保持平稳。（图6-118至图6-119）

图6-108 圆场步1

图6-108至图6-119
舞蹈动作示范视频

图6-109 圆场步2

图6-110 圆场步3

图6-111 圆场步4

图6-112 花邦步1

图6-113 花邦步2

图6-114 掰扣步1

图6-115 掰扣步2

147

图6-116　小跳1

图6-117　小跳2

图6-118　平转1

图6-119　平转2

（四）身韵训练（中国古典舞）

【提】是"身韵"的基本元素之一。在"沉"的状态上，深吸气，使气息均匀地由小腹提至胸腔，气息继续向上延伸至头顶，同时带动腰椎、胸椎、颈椎一节节延伸、拉直。可地面或站立练习。（图6-120）

【沉】是"身韵"的基本元素之一。在"提"的状态上，通过呼气使气息下沉至小腹，同时带动腰椎、胸椎、颈椎一节节下压成上体微弯状。可地面或站立练习。（图6-121）

【冲】是"身韵"的基本元素之一。先"提"，然后再"沉"的过程中，腰部发力推动一侧的胸及肩部向侧前方水平推出。注意骨盆固定，肩与地面保持平行。（图6-122）

【靠】是"身韵"的基本元素之一。与"冲"相对应。先"提"，然后再"沉"的过程中，腰部发力推动一侧的胸及肩部向侧后方水平移出。注意骨盆固定，肩与地面保持平行。（图6-123）

【含】是"身韵"的基本元素之一。动作过程同"沉"，幅度增大。形成低头、含胸、腰椎成拱形的姿态。（图6-124）

【腆】是"身韵"的基本元素之一。先"提",然后再"沉"的过程中,胸向前展,双肩后掰。（图6-125）

【横移】是"身韵"的基本元素之一。先"提",然后再"沉"的过程中,腰部发力推动一侧的胸及肩部向横方向水平移出。注意骨盆固定,肩与地面保持平行。（图6-126）

图6-120 提

图6-121 沉

图6-120至图6-126
舞蹈动作示范视频

图6-122 冲

图6-123 靠

图6-124 含

图6-125 腆

图6-126 横移

● 第三节 幼儿园教师民族民间舞蹈训练 ●

民族民间舞的形成受地域、自然环境、社会结构以及风俗习惯的影响，具有鲜明的民族风格特点和地域色彩。作为蕴含了民族文化背景等丰富内涵的民族民间舞蹈，也成为幼儿园舞蹈教学中不可缺少的教学形式。教师通过对民族民间舞蹈技能知识的认识和掌握，并利用舞蹈教学活动这种形式，既让幼儿得到美的熏陶和情感的体验，又获得了对多元文化的认识。

案例导引6-3

民族传统文化是一个民族世世代代积累的文明成果，是一个民族不断发展的源泉。而民族民间舞蹈正是利用身体形态的语言，将积淀着一个民族特有的、个性的、不能被取代的传统观念和文化因素表现与传承下来。[①]例如蒙古族民间舞的教学，通过舞蹈技能的学习，学习者不仅掌握了蒙古族舞的基本体态、动作，也了解了蒙古族舞蹈具有粗犷、剽悍、质朴、端庄、典雅的风格特点。而当教师把这些知识传授给幼儿的时候，不仅让孩子们享受了愉悦的舞蹈过程，也让他们感受到博大而丰富的中华民族文化。

一、藏族民间舞训练

（一）藏族民间舞的风格和特点

生活在西藏、青海、甘肃、云南、四川等省和自治区的藏族是一个能歌善舞的民族，具有历史悠久的歌舞传统。他们善于以歌抒怀，歌中有舞、舞中有歌，歌舞一体，构成了一种独特的民族艺术风格。

藏族各类歌舞在漫长的历史文化生活中经过群众的创作和濡染，又因地区不同而风格各异。如"卓"豪迈粗犷、"谐"（弦子）柔美开朗、"堆谐"（踢踏）细腻精湛、

---

① 董丽. 幼儿园教师舞蹈技能[M]. 北京：高等教育出版社，2012：196.

"果谐"（圆圈舞）洒脱奔放等。但作为一个民族的艺术，整体来看，它的总体风格又是统一的，规律是一致的。如："舞袖"是藏族各类舞蹈中最常见甚至是必不可少的上肢基本动作和表现手段，还有膝部有规律的屈伸和颤动，也是藏族各类舞蹈均有的动作特点。

（二）藏族民间舞的体态和动律特征

由于劳作方式和宗教信仰的影响，身体的躯干部呈垂肩、含胸、胯部坐懈的基本体态。在运动过程中，躯干和髋关节由于下肢步伐和重心转换带动起舞，加上袖子的晃、撩等而出现线性轨迹，产生了流畅悠然的美感。

（三）藏族民间舞的基本手形与手位

【手形】（自然手形）四指自然并拢，虎口自然张开，掌心放松。（图6-127）

【基本手位】（叉腰位）双手自然放于胯上、沉腕、指尖对斜下方（似插裤兜）、双肘略向前。（图6-128）

【叉腰单臂袖】一手扶胯；一手旁平位向上屈臂90°，手心向前。（图6-129）

【旁展单臂袖】一手体侧自然伸展，手心向下；一手旁平位向上屈臂90°，手心向前。（图6-130）

图6-128至图6-130
舞蹈动作示范视频

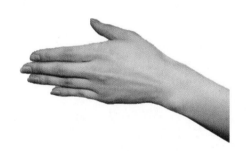

图6-127 自然手形

图6-128 叉腰位

图6-129 叉腰单臂袖

图6-130 旁展单臂袖

（四）藏族踢踏舞的基本脚位与步法

【脚位】（自然位）正步基础上，双脚尖自然打开。

【小颤】（自然位）（以下相同），双膝有弹性、有规律地上、下屈伸。是"踢踏舞"的基本动律。

【刚达】一拍完成。前半拍脚掌抬起；后半拍踏地（可一脚做，也可双脚做），同时配上膝盖有弹性的颤动。双手可扶胯或前后摆袖（以下相同）。

【退踏步】两拍完成。第一拍的前半拍，右脚后踏一步前脚掌着地，左脚抬起，后半拍左脚抬踏，右脚抬起；第二拍，右脚向前重踏，重心在左脚，同时贯穿膝盖的颤动。

【抬踏步】两拍完成。第一拍的前半拍，左脚刚达一次，右脚抬起，后半拍，右脚踏地，左脚抬起；第二拍，左脚丁字位踏地。

【滴答步】一拍完成。左脚前丁字位准备。预备拍的后半拍抬右脚。前半拍，右脚落地屈膝，同时抬左脚；后半拍落左脚，同时右脚刚达。

【第一基本步】四拍完成。第一拍右脚抬起，同时左脚刚达一次；第二拍右脚踏地；第三、四拍左右脚交替踏地。

【七下退踏步】四拍完成。第一拍的前半拍，左脚刚达一次，抬右脚，后半拍，右脚后踏；第二拍前半拍，右脚刚达一次，左脚抬起，后半拍，左脚踏地在右脚旁；第三、四拍，接一个退踏步。

【连三步】两拍完成。右脚起半拍一步，连三步（右、左、右）至右腿屈膝半蹲，同时左脚向8点抬起约25°，屈膝。

（五）藏族弦子舞的基本脚位与步法

【丁字位靠步】丁字位，后脚不动，前脚勾脚，脚跟着地。

【平步】两拍或一拍一步。准备拍左腿屈膝，同时右腿屈膝抬起。第一拍右脚落地双膝慢慢伸直；第二拍右屈膝同时左屈膝抬起。要求膝关节的屈伸要有内在的柔韧性。

【单靠】第一拍前半拍，右腿屈膝，左腿即屈膝抬起，后半拍左脚向左迈一步，重心移至左；第二拍左腿屈膝一次，右脚经屈膝向2点跟进。要求上身动作晚于脚，双手可做撩手。

【长靠】第一拍左脚向7点做一个平步，左手从腹前经头上向外划下；第二拍右脚向7点做一个平步，右大臂盖至腹前，身体逐渐向6点；第三拍左脚再向7点做一个平步，左大臂盖至腹前拧身向2点；第四拍单靠左手盖至胸前的同时，右手掏出至头上方，左手下至左胯旁自然旁抬。

【拖步】向前（或向旁）擦地面拖着走，有下沉下落时的屈膝动作。

【单撩步】第一拍右脚原地平步一次或向前上、向旁移一步，同时左腿屈膝上提；第二拍左小腿前撩的同时，右主力腿膝关节伸直。

【三步一撩】动作同单撩步，左右腿交替步三次，然后撩步一次。可向前、后或旁做。

二、蒙古族民间舞训练

（一）蒙古族民间舞的风格和特点

蒙古族舞蹈具有粗犷、剽悍、质朴、端庄、典雅的特点，具有内在的韧性、外在的刚健。由于草原生活、地理条件的原因，舞蹈动律时注意双膝屈伸要沉而有力，双脚落地要实，强调下沉的力量。在节奏上，突出下沉的时间要长。另外，它的手、臂、肩、脚、腰、步、转、跳的一系列动作也都具有独特的风格。如肩部动作，既要做到松弛自如，又要具有力度、韧性、弹性和灵活性等。

蒙古族民间舞具有集体性和自娱性的特点，其中最具有草原游牧民生活气息和精神气质特点的，有手持绸巾，热烈奔放的"安代舞"；端庄稳健、含蓄柔美的礼仪性质的"盅碗舞"；节奏鲜明、粗犷豪爽的"筷子舞"；强健洒脱、活泼畅快的"狩猎舞"；等等。丰富多彩的舞蹈素材，经过艺术家的整理、提炼，形成男子舞蹈强健骁勇、洒脱剽悍，女子舞蹈端庄典雅、雍容大度的风格特点。

（二）蒙古族民间舞的体态和动律特征

蒙古族舞的基本体态为上身略后倾，颈部稍后枕，其手形姿态多为持马鞭状，并以此展开肩部、手部和臂部、步伐、马步的训练。这些体态特征无不贯穿着一种蒙古族人民的基本形象和精神气质，透过这种情感、形态、运气、发力的典型表现，涵盖出一种"圆形、圆线、圆韵"的东方思维观念和主题文化精神。

（三）蒙古族民间舞的基本手形与手位

【平手】四指并拢，拇指自然旁开，五个手指在一个平面。（图6-131）

【叉腰手】四指握拳，拇指向手的正旁伸直打开。（图6-132）

【勒马手】握空心拳，拇指弯曲按于食指的第一关节处。（图6-133）

【叉腰位】四指握拳，拇指打开，叉于腰间。（图6-134）

【平鹰式位】平手双臂从正旁抬起，与肩平，略向前成弧形。（图6-135）

【高鹰式位】平鹰式位向上提起45°。（图6-136）

【勒马位】勒马手呈下弧线，向前伸出。（单手为单勒马位，双手为双勒马位）（图6-137至图6-138）

【持鞭状】握空心拳，食指伸直做鞭状。

图6-131　平手

图6-132　叉腰手

图6-134至图6-138
舞蹈动作示范视频

图6-133　勒马手

图6-134　叉腰位

图6-135　平鹰式位

图6-136　高鹰式位

图6-137 单勒马位

图6-138 双勒马位

（四）蒙古族民间舞的上肢基本动作

【硬腕】腕部的向上提起与下压，要求有力度。

【软手】以肘带腕延伸到指尖，呈连绵不断的小波浪运动。

【柔臂】由肩发力至大臂、肘、小臂、手腕、手指尖的波浪形运动。

【硬肩】双肩前后交错，有弹性、顿挫感。

【柔肩】双肩前后交错，延绵柔韧，动作过程经下弧线上提。

【耸肩】肩头上下耸动，重拍在上。

【笑肩】同耸肩，幅度略小，重拍在下。

【碎抖肩】肩胛发力，两肩前后快速均匀地抖动。

【绕肩】双肩由前经上向后划圆。也可由后经上向前划圆。

（五）蒙古族民间舞的基本脚位与步法

【点步位】在八字步位基础上，一脚在另一脚前，用脚尖点地。

【踏步位】在八字步位基础上，一脚在另一脚后，用脚掌点地。

【马点步】正步位上，一脚脚跟抬起。

【平步】双膝微屈，双脚交替蹭地向前或后行进。

【垫步】在踏步位的基础上，右脚（为例）向前或旁迈一步，左脚拖地成后踏步，然后右脚再向前或旁迈一步。

【踏跺步】在踏步位的基础上两脚交替踏跺，重拍向下，膝盖屈伸。

【摇篮步】双脚交叉，右脚（为例）在前，小腿略夹。双脚内、外侧左右滚动，上身随动。

【立掌马步】双脚经半脚掌并立，主力腿下落，动力腿脚尖点地，交替进行。

【跑马步】在立掌马步的基础上，行进跑跳。

三、维吾尔族民间舞训练

（一）维吾尔族民间舞的风格和特点

辽阔的新疆维吾尔自治区素有"歌舞之乡"的美誉，它的歌舞绚丽多彩。通过"移颈""打指""绕腕"等动作，以及眼神的巧妙配合，形成热情、豪放、稳重、细腻的风格韵味，使舞蹈风格别具一格。由于各地区自然环境的不同，使维吾尔族民间舞蹈既有共同的风格，又有明显的地方色彩。其表演形式大致可分为以"赛乃姆"为代表的自娱性舞蹈、以"多朗舞"为代表的礼俗性舞蹈以及以"盘子舞"为代表的表演性舞蹈等。

（二）维吾尔族民间舞的体态和动律特征

维吾尔族民间舞最重要的体态特征是腰背挺拔，这一特征贯穿于舞蹈的始终，也是形成风格的突出特点。总体来说，其体态和动律特征归纳如下：挺拔而不僵、微颤而不窜、上身撒得开、脚步不离散、晃身带摇头、耸肩绕手腕，技巧多旋转，节奏多符点。

（三）维吾尔族民间舞的基本手形与手位

【基本手形】立腕，手指松弛，中指、拇指靠近。（图6-139）

【叉腰位】 虎口叉于腰间，手向里靠。（图6-140）

【搭指】一手心向上，一手背向上，互搭中指，交替翻动。（图6-141）

【打指】手的拇指与中指相捻，发出响声。

【提裙位】双手于旁斜下位，手指上翘（或拇指和食指提裙）。（图6-142）

【山膀立腕位】双手于山膀位，立腕，手指上翘。（图6-143）

【双托手位】双手于托手位。（图6-144）

【顺风旗位】双手于顺风旗位。（图6-145）

【双按手位】双手于按手位，立腕，手指上翘。（图6-146）

【托按手位】双手于托按手位，立腕，手指上翘。（图6-147）

【山按手位】双手于山按手位，立腕，手指上翘。（图6-148）

【点肩位】一手自然下垂，一手点到另一肩上。（图6-149）

【托帽位】一手前斜上位，一手于耳侧下方。（图6-150）

图6-139 基本手形

图6-140 至图 6-150
舞蹈动作示范视频

图6-140 叉腰位

图6-141 搭指

图6-142 提裙位

图6-143 山膀立腕位

图6-144 双托手位

图6-145 顺风旗位

图6-146 双按手位

157

图6-147　托按手位

图6-148　山按手位

图6-149　点肩位

图6-150　托帽位

（四）维吾尔族民间舞的基本手臂动作

【摊手】双手交叉在胸前，经过翻手，手心向上，手指向两侧展开。

【软手】掌和腕不断地推和提。

【绕腕立掌】手掌平托，手向腕的方向绕一圈，立掌向上停住。

【扛撩手】一手臂从身体一侧直接提到大三位，小臂及手到与肩齐平，手掌向正前，接着手掌向耳朵方向翻转撩出。

【撩肩手】手臂在身体一侧，提到与肩齐，手臂向上曲肘，小臂从肩前到肩后绕一圈，手掌平摊到另一肩前托掌。

【绕腕手】一手臂提到下颌处，手背向上，提腕经过耳旁，从额头推掌到另一侧耳。

【缠绕手】五指并拢，手掌由外向里绕圈，由里向外绕圈。

【弹指手】手掌平展，手指向上向下运动。

（五）维吾尔族民间舞的基本脚位与步法

【前点步位】一脚不动，一脚前伸半脚掌的距离，脚掌点地。

【侧点步位】一脚不动，一脚向斜后方伸出，脚掌点地。

【后点步位】一脚不动，一脚向后方伸出，脚尖点地。

【三步一抬】以右脚为列，两拍完成。第一拍的前半拍右脚跟带动后踢，快速落至左腿脚尖前（左脚相反）。第二拍左、右脚交替进行。三步一抬可前进、后退及横向移动。注意膝部松弛，保持身体的平稳。

【垫步】一脚用脚跟迈出，经过脚掌向另一脚方向移动落地，同时另一脚用脚掌向旁移出，反复交替进行。注意保持身体的平稳。

【进退步】动作时，主动腿屈膝，动力脚前点时脚跟着地，同时主力脚原地踏一步；后点时动力脚脚掌点地，同时主力脚继续踏一步。

【滑冲步】基本动作同三步一抬，但步伐时，节奏带有符点性质。

四、东北秧歌训练

（一）东北秧歌的风格和特点

东北秧歌，是流行于中国东北地区具有代表性的民间舞蹈形式，主要采用高跷秧歌的动作形态并结合当地秧歌发展而成。因受地域文化的影响，东北秧歌具有浓郁的乡土气息和民俗特点。其风格特点既火爆、泼辣，又稳静、幽默。动作特点则是既哏又俏，既稳又浪（浪，即欢快俊俏之意），并且稳中有浪，浪中有俏，俏中有哏，刚柔结合。

东北秧歌通过走相、稳相、鼓相以及各种手巾花（丰富多变的手巾花是东北秧歌富有表现力的重要因素）的表演概括出其韵律感和审美特征。

（二）东北秧歌的体态及动律特征

东北秧歌的造型和流动动作中的基本体态，多是保持上身略前倾，下肢膝盖稍屈。其动律特征为"出脚快，落脚稳，膝盖带哏劲，有张有弛，有动有静"。另外，"扭"是东北秧歌韵律的核心，艺彦所说的"踩在板上，扭在腰眼儿上"，正是由下肢带动重心移动而产生的腰部动态，为舞蹈的稳中浪、浪中俏、俏中哏增添了色彩。

（三）东北秧歌的基本持巾方法与手位

【握巾】手握手巾三分之一处，五指松弛，食指顺手巾的圆形方向自然延伸。（图6-151）

【三指夹巾】手巾花对折，手心对上，中指于手巾花下面；食指、无名指于手巾花上面，成三指夹巾。（做缠花时运用）

【双叉腰】双手分别叉于腰际，双肘略向前，指尖对后斜下方。（图6-152）

【双搭肩】双小臂折回，架肘与肩平，手腕上提，手心对斜上。（图6-153）

【双抱头】屈臂、双肘略向前，双手分别于头部斜上两侧，上顶腕，手心对斜上。（图6-154）

【燕展翅】直臂，翘腕。双臂体侧斜下45°（小），双臂体旁90°（大）。在小燕展翅位上完成直臂绕花称小燕展翅，在大燕展翅位上完成直臂绕花称大燕展翅。亦可做成单展翅（一手叉腰，另一手体旁立掌）。（图6-155）

图6-151　握巾

图6-152　双叉腰

图6-153　双搭肩

图6-154　双抱头

图6-155至图6-167
舞蹈动作示范视频

图6-155　燕展翅

（四）东北秧歌的手巾花

【里挽花】两手手心向上，用手指带动提腕，向里经下转腕、压腕成手心向前的过程。

【外挽花】与里挽花的动作相反，转和翻要稍快。

【里片花】两手手心向上，以腕为轴，手掌向里平移，同时肘稍抬。然后，从小臂下挽成指尖向外成平圆，走螺旋状上转一圈成手心向上，手巾连贯转成8字形，两肘自然起伏。

【外片花】动作同里片花相反的路线。

【单臂花】一手叉腰，一手于胸前做里挽花，经下弧线至体旁单臂位。身体稍前倾，单臂花不要高于自己的肩。（图6-156至图6-157）

【双臂花】同单臂花动作，只是双臂同时在大双臂或小双臂位置上做。（图6-158至图6-159）

【蝴蝶花】双手于胸前交叉做里挽花，经下弧线在体旁位做里挽花。（图6-160至图6-161）

【交替花】左右手交替于胸前做里挽花。（图6-162至图6-163）

【蚌壳花】双臂从体旁至斜上位，做里挽花至胸前位，经翻手变手心朝上，回至斜上位的位置。（图6-164至图6-166）

【缠头花】一手经左斜下位悠至左斜上位做里挽花，一手屈臂套头做里挽花。（图6-167）

【肩上花】手心对上，双小臂经上弧线做里外挽花。

图6-156　单臂花1

图6-157　单臂花2

图6-158　双臂花1

图6-159　双臂花2

图6-160　蝴蝶花1

图6-161　蝴蝶花2

图6-162　交替花1

图6-163　交替花2

图6-164　蚌壳花1

图6-165　蚌壳花2

图6-166　蚌壳花3

图6-167　缠头花

（五）东北秧歌的身体动律

【上下动律】正步位，双叉腰。以腰为轴，一侧腰下压，另一侧腰上提，交替进行，呈下弧线运动，重拍在下，四拍、两拍或一拍完成。

【前后动律】正步位，双叉腰。以腰为轴，一侧腰前送，另一侧腰回拉，交替进行，重拍在里，四拍、两拍或一拍完成。

【划圆动律】正步位，双叉腰。以腰为轴，左右两侧腰围绕腰轴前、后、上、下交替划立圆，重拍在前下，四拍、两拍或一拍完成。

（六）东北秧歌的基本脚位与步法

【双膝屈伸】双膝屈伸是步法的基础，东北秧歌的各种步法都离不开屈伸。屈伸又有软硬之分：软屈伸在扭法上可使动作柔韧、舒展；硬屈伸在扭法中的作用是使动作刚健有力，多用于"顿步"中。

【压脚跟】正步或八字步（丁字步）准备，双手叉腰，一拍一次。前半拍两脚跟稍提起，两腿直，后半拍落下。要求提起的时间短，落地时间要长，提脚跟时双膝要松弛些。

【踏步压脚跟】踏步位准备，双手叉腰，节奏同压脚跟。

【前踢步】正步位准备，预备半拍时一脚稍勾脚向前直膝踢出15°，前半拍收回，后半拍双腿同时微屈。左右脚交替进行。要求踢出要快、落地要实。动力腿向前落下，重心也随着前移，主力腿可以抬脚跟。

【旁踢步】正步位准备，前半拍，一腿微屈，另一腿由脚掌内侧经擦地向旁后方踢出，后半拍收回正步直膝。左右脚交替进行。要求踢出要快，擦地要有力，不要求高度。

【后踢步】正步位准备，前半拍，一腿微屈，另一腿脚掌力量向后踢出，后半拍速收，落地后成正步位直立。左右脚交替进行。

五、云南花灯训练

（一）云南花灯的风格和特点

云南花灯是流传在我国云南省汉族地区的民间舞蹈在历史上是被作为"社火"中民间舞蹈的一部分而流传的。乡土气息浓厚的云南花灯具有淳朴自然、舒展明快的风格特点以及载歌载舞的表演特色。它的节奏、动律、情感上的特点，也带来了其独特的美感特征：女性舞蹈表现出内秀、淡雅，具有南国的清秀风格和恬静的心理特征，男性舞蹈则展示出松弛洒脱的美，表现了云南花灯特有的审美形式。

图6-168　笔式握扇

图6-169　握扇

图6-170　扣扇

（二）云南花灯的体态及动律特征

云南花灯最主要的动律是"崴"，俗话说"不崴不成灯"。如按其动律特点，可分为三大类，分别为：小崴、正崴和反崴。小崴欢快流畅，正崴优雅清丽，反崴沉稳大方。正崴和小崴均以膝为发力点，带动胯、腰、肋左右摇摆、拉伸、悠荡，形成连绵不断的和谐的动作状态；反崴的动律特点与之相反，在崴动过程中，胯向左运动的同时，腰、肋、臂横向向右拉伸，与胯形成反向运动，形成体态的横向曲线，柔中带刚，刚柔并济，优美而富有独特韵味。

（三）云南花灯的基本持扇方法与扇花

【笔式握扇】（以左手持扇为例，以下相同）合扇，虎口抵住扇骨，如同握笔。（图6-168）

【握扇】持扇法，开扇。拇指按住正面扇骨，其余四指按住反面扇骨。（图6-169）

【扣扇】持扇法，开扇。四指按住正面扇骨，拇指按住反面扇骨，压腕。（图6-170）

【团扇】开扇，拇指、食指、中指捏扇骨（捏得不要太紧），无名指、小拇指自然弯曲，做里腕花转扇（转时中指自然松开）。注意起扇时扇面尽量平展。

【别扇】开扇，右屈臂，扇于髋骨旁，扇面与髋骨平行，扇骨垂直于地面。手腕在前，有上提的感觉。

【扛扇】开扇，握扇。将扇面扛于右肩上，扇口朝下，提右肋，左手于肩前。

【飘扇】开扇，扣扇。扇面自右髋旁向左髋旁划圆。

【耳旁绕扇】开扇，扣扇。扇自上方划一弧线落至左耳旁再划一竖八字。

（四）云南花灯的身体动律

【正崴】动作时主力腿弯曲，在动力腿踏落移动重心的同时，胯、腰、肋三部分呈圆弧形的崴动。注意自下而上的发力特点，突出胯、腰、肋的崴动。图例为原地静止舞姿。（图6-171）

【反崴】动作时主力腿弯曲，动力腿向前（或向后）伸出，快速进行重心的移动。胯与腰、肋呈相反方向。注意胯、腰、肋尽量拉长，形成流动的"三道弯"。图例为原地静止舞姿。（图6-172）

【小崴】动作时双膝自然弯曲，在一膝靠近另一膝的同时移动重心，划出一个小弧线。注意胯部崴动的幅度小，腰、臂、肘放松，动作轻盈、俏皮。图例为原地静止舞姿。（图6-173）

图6-171至图6-173
舞蹈动作示范视频

图6-171　正崴　　　　图6-172　反崴　　　　图6-173　小崴

（五）云南花灯的基本步法

【走场步】正步位，握扇。膝部微屈且松弛，一拍一步，向前（或后、旁）交替行进。

【探步】（一拍完成）前半拍，右腿屈膝，左腿前探虚点地，出右胯，身体成"三

165

道弯"；后半拍，左脚落地，同时重心左移，右脚上步。双腿交替向前行进（也可向后行进）。

【跳撩步】（一拍完成）前半拍，右腿膝部略屈，左腿屈膝抬起；后半拍，右脚"跳颠"一下，同时左腿向前撩。双腿交替向前行进（也可向后行进）。

【跳颠步】（一拍完成）前半拍，右腿膝部略屈，左腿屈膝抬起；后半拍，右脚"跳颠"一下，左腿不变，胯部向左崴动。双脚交替进行（也可做三步跳颠）。

【柔踩步】（一拍完成）前半拍，右腿屈膝，左小腿快速后抬（勾脚）；后半拍，左脚半脚掌着地向前上步，同时右脚立半脚掌。双脚交替行进。注意动作轻柔、连绵不断，重心及重拍向上。

六、傣族民间舞训练

（一）傣族民间舞的风格和特点

傣族主要聚居在云南西双版纳和德宏两个自治州，是一个具有悠久历史和灿烂文化的民族。傣族民间舞蹈风格浓郁，具有优美、灵活、朴实、矫健、感情内在含蓄的特点。要学好傣族舞，就要掌握"刚柔相济、动静结合、以气带意、以意带情、情意互补、心形一致"的口诀。在实际操作时强调气、意、情三者之间的相连和互补，从而达到心形一致的最佳境界。

傣族地区广为流传的、具有代表性的舞蹈形式有"孔雀舞""象脚鼓舞"和"嘎光舞"等。

（二）傣族民间舞的体态和动律特征

傣族民间舞的舞姿富有雕塑性，其身体和手臂形成了特有的"三道弯"造型，这是它的基本体态特征。第一道弯从立起的脚掌至弯曲的膝部，第二道弯从膝部到胯部，第三道弯从胯部到倾斜的上身。另外，膝部柔美的起伏以及柔中带刚的动作韵律特点也是傣族舞蹈具有的独特特征。

（三）傣族民间舞的基本手形

【掌式】虎口打开，拇指向里45°扣回，其余四指并拢，指根下压，指尖上翘。（图6-174）

【摊掌】手心向上，手指向下摊出。（图6-175）

【领腕】腕部上提，手指翘起。（图6-176）

【孔雀手】在掌式的基础上，食指由第二关节处扣回。（图6-177）

【眼式手】在掌式的基础上，食指从指根处扣回，与拇指平行，其余三指扇形打开。（图6-178）

【嘴式手】在眼式的基础上，把食指与拇指相合。（图6-179）

【爪式手】拇指向外打开，其余四指由指根处屈回，成扇形。（图6-180）

【曲掌】虚握拳，拇指打开向外，其余四指由指根处屈回成半握拳状。（图6-181）

【掌式侧提腕】腕部与内侧提起，手指向小拇指处下伸，整个手掌向后卷。（图6-182）

图6-174　掌式

图6-175　摊掌

图6-176　领腕

图6-177　孔雀手

图6-178　眼式手

图6-179　嘴式手

图6-180　爪式手

图6-181　曲掌

图6-182　掌式侧提腕

（四）傣族民间舞的基本手位

【倒叉腰】双肘后背，双手以掌按于胯后，大拇指相对。（图6-183）

【前一位手】双手在腹前位做按掌。（图6-184）

【旁一位手】双手在胯旁做领腕或按掌。（图6-185）

【后一位手】双手在臀部做领腕或按掌。（图6-186）

【二位手】双手在前平位的位置做领腕，手背相对。（图6-187）

【三位手】双手在头部上方做领腕，手背相对。（图6-188）

【四位手】一手在三位，另一手在二位做领腕。（图6-189）

【五位手】一手在七位，另一手在三位做领腕。（图6-190）

【六位手】一手在七位，另一手在二位做领腕。（图6-191）

【七位手】双手在旁平位的位置做按掌。（图6-192）

【八位手】一臂架起，手至于肩前。（图6-193）

图6-183　倒叉腰

图6-183至图6-193
舞蹈动作示范视频

图6-184　前一位手

图6-185　旁一位手

图6-186　后一位手

图6-187　二位手

图6-188　三位手

图6-189　四位手

图6-190　五位手

图6-191　六位手

图6-192　七位手

图6-193　八位手

（五）傣族民间舞的基本脚位和步法

【正步】双脚稍并拢，脚尖对1点。

【丁字位】左脚向8点，右脚向2点，右脚跟对左脚心处靠拢或相距一拳。

【之字位】左脚尖在前向8点，右脚尖在后向2点，右脚跟与左脚尖相对。

【平步】（起伏步）一拍完成。前半拍，右脚向前一步，全脚掌落地，同时右腿屈膝，身体重心移至右腿；后半拍，右腿直膝，同时左小腿向后抬起，身体重心上移。动作时注意膝关节屈伸要平稳，胯要随重心移动。

【踮步】一拍完成。前半拍，右脚原地或向某一方向上一步，全脚落地时屈膝，同时左脚离地；后半拍，左脚单踮地，右脚离地。两脚可交替进行，踮步行进方向可变化。动作时注意主力腿的屈伸要柔和，身体重心随之起伏。

🌿 话题小结 ·······································

　　舞蹈基本技能的训练是对舞蹈者形体、姿态，腰腿的软度、力度、控制及跳转，基本舞姿，舞蹈风格特征等方面最基础的训练。科学的训练方法和内容会让学习者身体的协调性、灵活性、柔韧性、力度、风格性等方面得到更好的发展。正确的舞姿、舞步训练会促使学习者对动作的规格和要领有更进一步的掌握，这也将直接影响着幼儿舞蹈教学的质量。

舞蹈基本技能训练的常用专业术语包括舞蹈动作、节拍、节奏、体态、韵律、风格、身体重心、亮相、舞蹈表情、身向、眼视、主力腿、动力腿、舞台方位、人体方位、舞蹈构图、主题动作等。

幼儿园教师舞蹈技能训练的上肢动作包括：（1）中国古典舞的基本手形和手位，具体有：兰花指、叉腰手、双背手、单按手、单山手、单托手、双山手、双按手、双托手、顺风旗、托按手、山按手、斜托手、提襟等。（2）中国古典舞的基本手臂舞姿，具体有：晃手、盖手、分手、小五花、盘手、云手、摇臂、分晃手、穿手等。（3）芭蕾舞的基本手形和手位，具体有：手形、一位、二位、三位、四位、五位、六位、七位等。

幼儿园教师舞蹈技能训练的下肢动作包括：（1）中国古典舞的基本脚位，具体有：正步、小八字步、丁字步、大八字步、踏步、虚步、弓箭步等。（2）芭蕾舞的基本脚位，具体有：一位、二位、三位、四位、五位等。

幼儿园教师舞蹈技能的基本训练包括：（1）地面的基本姿态和训练，具体有：绷脚、勾脚、勾趾、伸坐、对脚盘坐、交叉盘坐、坐盘、双跪坐、双跪立、仰卧、伏卧、侧卧、蛙式、前（旁）吸腿、前（旁、后）抬腿、压腿、前（旁、后）踢腿、绞柱、掰肩、挑胸、腹肌练习、背肌练习、侧腰肌练习等。（2）把杆的基本姿态和训练，具体有：双手扶把、单手扶把、擦地、蹲、弯腰、控腿等。（3）中间训练，具体有：圆场步、花邦步、掰扣步、小跳、平转等。（4）身韵训练（中国古典舞），具体有：提、沉、冲、靠、含、腆、横移等。

幼儿园教师民族民间舞蹈训练的内容包括藏族、蒙古族、维吾尔族、傣族等少数民族民间舞以及东北秧歌、云南花灯等汉族地区民族民间舞的基本动作、动律特征、风格特点等。

自我评量

一、名词解释

　　1.舞蹈动作　　2.韵律　　3.身体重心　　4.亮相　　5.舞蹈表情

　　6.舞台方位　　7.单按手　　8.单山手　　9.单托手　　10.顺风旗

二、简述题

1. 什么是舞蹈基本技能的训练？

2. 幼儿园教师为什么要进行舞蹈基本技能的训练？

3. 中国古典舞身韵训练含有哪些基本元素？其中提和沉的动作如何完成？

三、论述题

1. 藏族民间舞的风格和特点是什么？

2. 蒙古族民间舞的风格和特点是什么？

3. 维吾尔族民间舞的风格和特点是什么？

4. 东北秧歌的风格和特点是什么？

5. 云南花灯的风格和特点是什么？

6. 傣族民间舞的风格和特点是什么？

| 第七章 |

幼儿舞蹈技能训练

 学习目标

1. 了解和掌握幼儿舞蹈技能训练的定义、目的以及阶段的划分。
2. 了解和掌握幼儿舞蹈技能训练的基本动作。
3. 了解和掌握幼儿舞蹈技能训练的意义和原则。

● 第一节　幼儿舞蹈技能知识 ●

　　舞蹈是用形体表达情感的艺术，通过科学的、合理的舞蹈基本技能的训练，不仅能塑造幼儿优美的形体，增强肢体的柔韧性、协调性和灵活性，学会运用肢体语言表达对音乐的理解，还可以增强他们对艺术的敏感性，对美的感受力、表现力和创造力。

 案例导引7-1

　　动作美是舞蹈美的核心。当幼儿走进舞蹈世界，运用舞蹈的基本训练动作和简单的舞蹈组合来表达自己的情感的时候，他们的体态美与纯真烂漫的情感美都得到了充分的体现。如舞蹈《春雨沙沙下》，通过用手臂的大、小波浪模仿柳枝在春风中轻轻摇摆和花儿开放的动作，不仅能促进幼儿手指肌肉的灵活性和协调性发展，以及指关节和腕关节、肘关节的灵活性，还培养了孩子们的感知、联想、表现等能力，帮助孩子们完成了从平面的肢体形象到立体的情感形象的升华转换。

一、什么是幼儿舞蹈基本技能的训练？

幼儿舞蹈基本技能的训练是指幼儿在教师指导下对形体及基本舞姿等的最基础的训练。通过学习训练，逐步提高幼儿舞蹈动作的节奏感、协调性、灵活性、柔韧性和优美感。初步培养舞蹈时动作与呼吸、感情体验与表达的和谐一致的能力，为今后的舞蹈学习打下良好基础。

二、幼儿为什么要进行舞蹈基本技能的训练？

舞蹈是用形体表达情感的艺术，这其中，身体的力量、柔韧性、稳定性、协调性和灵活性必不可少。通过系统的舞蹈基本功训练，不仅可以增强幼儿肢体的柔韧性、协调性，加强身体肌肉的控制能力，以及培养他们的音乐感，同时，也增加了孩子对艺术的敏感性，对美的感受力、表现力和创造力。

三、幼儿舞蹈基本技能训练的学习阶段

根据幼儿的动作发展特点，我们可以把幼儿舞蹈基本技能的训练分成三个学习阶段，各阶段之间互相联结，由易到难，具有顺序性和多样性。

（一）第一阶段

这一阶段的幼儿对舞蹈的表现欲望正处在朦胧的兴趣状态，对于他们的舞蹈基本功训练，需采用寓教于乐的方式加以诱导，旨在为孩子们打下一个舞蹈艺术的审美基础。此阶段以基本形体训练、节奏训练和律动训练为主。通过训练使幼儿有舞蹈的正确姿态和随着节奏准确优美地做动作的能力，为塑造幼儿健美的体态及今后学习舞蹈打好基础。

（二）第二阶段

这一阶段的训练起到了承前启后的作用。由于幼儿已掌握了舞蹈的基本技能，此时需要适当增加训练的强度和训练内容的广度。因此可进行各种儿童舞蹈动作、方位（队形的不断变化）训练和集体舞训练（增强幼儿的群体间协调能力）等。通过学习，丰富幼儿舞蹈的语汇，让他们能够更好地感知舞台方位、身体方位以及伙伴间的协调配合，为他们将来参与舞蹈创编活动打好基础。

（三）第三阶段

由于幼儿的情感逐渐由情感认知向情感体验发展，因而这一阶段的目标可定为思

想性、教育性、艺术性较强的舞蹈技能训练。如各民族少儿舞蹈练习、现代少儿舞蹈小组合及幼儿参与舞蹈创编训练活动等。通过训练，孩子们对于舞蹈已经有了较强的理解能力以及好学的情趣。

第二节　幼儿舞蹈基本技能训练

　　幼儿期是人一生中生长发育的重要阶段，积极、正确、科学地对幼儿进行舞蹈基本技能的训练，在塑造幼儿优美的舞姿的同时，也给了孩子想象、表达自己感受的空间，孩子们可以通过肢体动作来释放情感，从中获取快乐的舞蹈经验。

 案例导引7-2

　　一个好的教师，在进行幼儿舞蹈基本技能训练课程时，一定要有相关的知识储备。这样，不仅可以纠正幼儿在训练中的"自然体态"，让幼儿的某些先天不足得到矫正和改善，还可以减少由于对动作的错误认识而使幼儿的身体产生某些损伤以及由于不正确的用力方式产生的"歪法儿"。如孩

子们在后弯腰时可能脊椎会歪，如果教师不及时纠正，长期的练习则可能导致脊柱在将来的发育中倾斜；再如做勾绷脚时，孩子无法体会脚尖往前延伸出去的感觉，只知道脚趾头使劲往下扣，其结果是在内八字的状态下练习勾绷脚，这对孩子的踝关节和脚弓的发育都会产生不良影响。只有教师真正掌握了幼儿舞蹈基本技能训练的专业知识，才能让舞蹈成为一门有益于孩子身心健康成长的艺术。

一、幼儿舞蹈基本技能训练的上体动作

（一）头部基本动作

【仰头】后背直立，双肩平正固定不动。颈部前侧肌肉伸展，后侧肌肉收缩。眼视上方。（图7-1）

【低头】后背直立，双肩平正固定不动。颈部前侧肌肉收缩，后侧肌肉伸展。眼视

下方。（图7-2）

【倾头】后背直立，双肩平正固定不动。颈部一侧肌肉伸展，一侧肌肉收缩。眼视前方。（图7-3）

【转头】后背直立，双肩平正固定不动。头部向左或向右最大限度转动，眼随头动。（图7-4）

【摇头】连续做转头的动作。注意幅度缩小。

【点头】连续做低头的动作。注意幅度缩小、颈部最大限度屈伸。

【晃头】连续做倾头的动作。注意幅度缩小。

图7-1　仰头

图7-2　低头

图7-3　倾头

图7-4　转头

（二）上肢基本动作

【上位】双臂向正上方向伸直，两臂间距与肩同宽。（图7-5）

【下位】双臂伸直，垂于身体两侧（旁下位）。或垂于身体前侧（前下位）。

【前平位】双臂向正前方向伸直，与肩平，两臂间距与肩同宽。（图7-6）

【前斜上位】双臂伸直，于"上位"和"前平位"之间的位置。（图7-7）

【前斜下位】双臂伸直，于"前下位"和"前平位"之间的位置。（图7-8）

【旁平位】双臂向正旁方向伸直，与肩平。（图7-9）

【旁斜上位】双臂伸直，于"上位"和"旁平位"之间的位置。（图7-10）

【旁斜下位】双臂伸直，于"旁下位"和"旁平位"之间的位置。（图7-11）

【后斜下位】双臂伸直于身后，距离身体45°夹角（与前斜下位位置相反）。（图7-12）

图7-5　上位

图7-6　前平位

图7-7　前斜上位

图7-8　前斜下位

图7-9　旁平位

图7-10　旁斜上位

图7-11　旁斜下位

图7-12　后斜下位

（三）基本手臂舞姿

【小波浪】是手部的上提下压运动，用以模拟波浪的动作。也称"小三节"运动。"上提"动作时，手腕、手掌、手指依次上提，手成抓握状。"下压"动作时，手腕、手掌、手指依次下沉，并使手腕和手掌展开，手指上翘。动作过程要柔和、连续不断成微波荡漾的线条和动感。可在不同位置上完成。注意"提"和"压"时小臂要配合随动。

【大波浪】是臂部的上提下压运动，用以模拟波浪的动作。也称"大三节"运动。提时，肩部、肘部和手部（小波浪上提的全过程）依次向上。沉时，肩部、肘部和手部（小波浪下压的全过程）依次向下至下位。动作过程要柔和，"提"和"沉"连续不断形成大的波浪起伏线条和动感。可在不同位置上完成。

二、幼儿舞蹈基本技能训练的下肢动作

（一）走步类

【走步】正步或小八字步准备。走步时手臂前后自然摆动。可根据音乐的节奏、情绪，亦可根据不同人物的形象表现出不同的走路形态。

【踮趾步】正步或小八字步准备。动作时第一拍左腿屈膝，右脚勾脚（以右脚为例）脚跟在前方（或旁）着地。根据出脚位置的变化分为前踮趾步和旁踮趾步。踮趾步可与其他舞步结合练习，如踮趾小跑步、踮趾小碎步等。

【碎步】即"细碎"的舞步。正步位准备，运动过程中用半脚掌着地交替快速地移动，可以"前进""后退""横移"。做"碎步"移动时，注意上身要平稳，膝部要松弛。训练时可结合舞蹈的需要和情感表达的要求，配合上肢和身体的动作练习。如模仿小鸟飞等。

【娃娃步】小八字步准备。动作时第一拍的前半拍双腿屈膝，右小腿旁抬起，头和身体同侧倾倒，双手扩指状至右顺风旗位置（掌心向外），后半拍右脚落地，双腿直立，双臂收至体前；第二拍动作相同，方向相反。

【踏点步】正步位准备。第一拍右脚（以右脚为例）原地（或其他方向）踏地；第二拍左脚前脚掌在右脚跟后点地，两腿同时屈伸。

【前进步】向前行进的"舞步"。一脚向前迈出，另一脚向其靠拢。可用"平步"做，也可以"踮脚"做。

【后退步】向后退行的"舞步"。一脚向后迈出，另一脚向其靠拢。可用"平步"做，也可以"踮脚"做。

【横移步】向旁行走的"舞步"。一脚向右（或左）横向迈出，另一脚向其靠拢。可用"平步"做，也可以"踮脚"做。

（二）跑跳类

【蹦跳步】带有低"跳跃"性的舞步。正步位准备，动作时双脚蹬地向上跃起，在空中双腿直膝，然后双脚掌落地，同时微屈膝。蹦跳步可双起双落，也可以单起双落或双起单落。可以向前、后、旁等方向做。为了提高幼儿动作训练的兴趣，还可以加入幼儿喜欢的小动物形象，如小兔跳、青蛙跳等。

【跳踢步】正步位准备。在跳跃的基础上双腿交替做"后吸腿"，落地时支撑重心腿微屈。在做跳踢的过程中，双腿膝部始终靠拢，上体略前倾，以保持平衡。

【平踏步】正步位准备。两脚交替抬起落地，落地时全脚着地，踏地有声。注意膝盖松弛。可结合幼儿喜欢的游戏"开火车"等进行训练。

【进退步】正步位准备。动作时，第一拍前半拍右脚（以右脚为例）向前迈一步，身体重心移至右脚，同时左腿屈膝离地，后半拍左脚掌落地，身体重心移至左脚，同时右脚离地；第二拍前半拍右脚后撤一步，身体重心移至右脚，同时左脚离地，后半拍左脚落地，同时右脚离地准备重复动作。

【吸跳步】右脚（以右脚为例）向前迈出，踏地后轻轻跳起，同时左腿吸起成"前中吸腿"。连续动作时，左脚重复右脚动作，迈出踏地后轻轻跳起，同时右腿成"前中吸腿"。"吸跳步"可在原地做，也可以向前行进做。

【横追步】带有低"跳跃"性的舞步。正步位准备，第一拍右脚（以右脚为例）向旁迈出一步同时左腿"半蹲"后微微跃起；第二拍左脚快速向右脚靠拢后全脚落地，同时右脚继续向旁迈出。注意膝部的松弛。

【小跑步】正步位准备。动作时两腿交替提膝，脚尖自然下垂，前脚掌落地，给人以轻盈之感。注意上身要平稳、步子有弹性。训练时舞步的速度可根据舞蹈需要和幼儿动作发展水平而变化，可结合律动形象进行练习，如马跑、开火车等。

三、幼儿舞蹈基本技能训练的基本动物形象模仿

【小兔状】双手"兔耳"形竖于头上两侧。亦可"折腕"做。（图7-13至图7-14）

【蛙状】双手"扩指双托手"。亦可一腿膝部半蹲，另一腿屈膝抬起。（图7-15至图7-16）

【小鱼状】双手后斜下位做"小波浪"成小鱼摆尾状。亦可一手后斜下位，另一手前平位做"小波浪"成小鱼游状。（图7-17至图7-18）

【小鸭状】双手在旁按手位，身体左、右倾倒做小鸭走路状。亦可半蹲，上体前俯，双手重叠置于嘴前成鸭嘴状。还可双手在肩旁做"折腕"成小鸭抖翅状。（图7-19至图7-21）

【小猫状】双手"扩指"，屈臂，手心向里于嘴前，模拟小猫摸胡须状。亦可一手置于肩前，一手置于身后，前点步交替前行做小猫行走状。（图7-22至图7-23）

【小狗状】双手放松，屈臂于肩前成小狗爪状。亦可双跪坐，做左右摆胯成小狗摆尾状。还可一腿屈膝向旁抬起做小狗刨地状。（图7-24至图7-25）

【小鸡状】一手背后，另一手头上"立掌"成鸡冠状。亦可双手（拇指与食指伸直）交叉相握于胸前做"折腕"成小鸡吃米状。（图7-26至图7-27）

【小羊状】双手握拳，小拇指伸直，位于头上成羊角状。（图7-28至图7-29）

【老鼠状】身体略含，双手自然手形置于头侧，成老鼠东张西望状。亦可双手握拳置于头上做老鼠耳朵状。（图7-30至图7-31）

【小马状】一手在后斜上位，成甩鞭状，另一手虚握拳，前平位屈臂成"单勒马式"手形。亦可一手做"单勒马式"，另一手做扬鞭状。（图7-32至图7-33）

【小鸟状】双手旁平位做"小波浪"。亦可做"旁大波浪"成小鸟飞翔状。（图7-34至图7-35）

【老虎状】双手五指张开，微屈成老虎爪形。（图7-36至图7-37）

【孔雀状】一手前斜上位做"嘴式"手形成孔雀头状，另一手后斜下位做"嘴式"手形成孔雀尾状。亦可双手做"旁大波浪"至头上，手腕相靠成孔雀开屏状。（图7-38至图7-39）

【小猴状】双手于头部做"抓耳挠腮"状。亦可一手抱住腰身，另一手做"张望"状。（图7-40至图7-41）

图7-13 小兔状1

图7-13至图7-41
舞蹈动作示范视频

图7-14 小兔状2

图7-15 蛙状1

图7-16 蛙状2

图7-17 小鱼状1

图7-18 小鱼状2

图7-19 小鸭状1

图7-20 小鸭状2

图7-21　小鸭状3

图7-22　小猫状1

图7-23　小猫状2

图7-24　小狗状1

图7-25　小狗状2

图7-26　小鸡状1

图7-27　小鸡状2

图7-28　小羊状1

图7-29　小羊状2

图 7-30 老鼠状 1

图 7-31 老鼠状 2

图 7-32 小马状 1

图 7-33 小马状 2

图 7-34 小鸟状 1

图 7-35 小鸟状 2

图 7-36 老虎状 1

图 7-37 老虎状 2

图7-38　孔雀状1

图7-39　孔雀状2

图7-40　小猴状1

图7-41　小猴状2

● 第三节　幼儿舞蹈基本技能训练的意义与原则 ●

对幼儿进行舞蹈基本技能训练的目的不仅仅在于训练基本技能本身，更重要的是通过训练，使孩子的各方面能力都得到锻炼和发展。幼儿舞蹈基本技能的训练要求教师用科学的训练内容和方法来指导幼儿，即课堂上的教学内容、方式、方法和科学的教育理念相呼应，最终强调幼儿健康体魄与舞蹈艺术特质的形成。

 案例导引7-3

在生活中，我们常常看到许多孩子有驼背、含胸的不良姿态，如若及时地开始舞蹈技能训练，就可以纠正这些不良习惯导致的形体毛病。如对待驼背这一体态，教师可以采取先让幼儿背靠墙站立（要求双脚并立，全身挺直，脚后跟、臀部、背肩、头完全贴于墙面，双臂自然下垂，双肩下沉，

不要塌腰。注意最开始的站立时间可以稍短些，以后逐渐加长），或者采用与此体态相关联的动作引发幼儿的想象和学习兴趣（如学习解放军叔叔的走路身姿，模仿小树的挺拔直立等），这样的训练既解决了孩子的形体问题也不会让他们感到舞蹈学习的枯燥、无味。

一、幼儿舞蹈基本技能训练的意义

（一）改善幼儿的自然体态

在生活中，我们发现舞蹈专业演员与普通人体态的不同之处在于其异常挺拔的"非自然体态"。那么，为什么会有这样挺拔的身姿呢？无疑，这是长期的、科学的舞蹈基本技能训练的结果。其一，舞蹈技能训练可以使附着在骨骼上的肌肉、韧带等得到拉伸，变得纤长而有弹性；其二，增加肌肉的横断面，减少肌肉上覆盖的脂肪，使主要运动肌肉的力量得到增强，使其身材显得均匀而有线条；其三，臀、腰、腹部肌肉得到了强化，形成了强有力的肌肉夹板，使腰部及躯干成异常挺拔的姿态……这些都是舞蹈演员体态美的重要前提。

对于幼儿来说，他们的骨骼、肌肉、肌腱非常嫩，可塑性非常强，故而从幼儿期开始舞蹈训练，自然可以纠正一些不良习惯导致的形体毛病。比如，有的孩子由于习惯于内八字脚形走路导致的小腿内侧弯曲，有的含胸，有的习惯于端肩，有的脖子前探，还有的轻微驼背等，若任其身体自由发展，有很大的概率会形成一些不良的体态，但是这些形体毛病在经过一段时间的舞蹈基本技能训练后能得到矫正和改善。

（二）培养幼儿的基本身体素质

舞蹈基本技能的训练是使幼儿身体更符合舞蹈规律的要求，以适应各种舞蹈角色的需要。众所周知，舞蹈是一门用肢体语言说话的艺术，要想学习或完成好舞蹈表演，需要调动人体众多的关节。其中包括：踝、膝、髋、腰、胸、颈、肩、肘、腕及手指，甚至足趾关节也可能涉及。

通过舞蹈基本技能的训练，可以使幼儿肢体的各部位在力量、控制力、柔韧性、稳定性、协调性和灵活性等方面受到锻炼，从而使他们在舞蹈活动中做到动作连贯、优美自然、流畅柔和。当然，有了基本的身体素质作为舞蹈学习的基础，幼儿在学习、表演舞蹈的过程中，也增强了自信心，培养了他们对美的感受力和创造力。

（三）提高幼儿的舞蹈表现力

良好的舞蹈表现力是建立在规范准确的舞蹈动作之上的，因此舞者个人动作的反应速度和协调性是衡量舞感水平的根本前提。要培养舞感，离不开扎实的舞蹈基础、全身各部位动作的高度敏感力和协调性。俗话说"细节决定成败"，舞蹈表现力的优劣往往就是透过手指、脚趾尖的延伸，肢体转动的方向、屈伸的程度，和对动作点、线、面的把握这些看似细小却最不能忽视的地方显露出来。①而这些，正是通过舞蹈基本技能的训练来达到的。

幼儿舞蹈的艺术语言是充满感情和想象的，而一部好的舞蹈作品的完成是需要幼儿具备一定的舞蹈基本功的。只有幼儿细致地掌握了动作的要求，才能在动作中赋予感情，从而增强舞蹈的感染力，达到"以舞带情""以情舞动"的艺术效果。

二、幼儿舞蹈基本技能训练的原则

（一）强调动作的规范性

舞蹈是一种肢体语言，所有的表达都离不开动作。幼儿舞蹈技能训练的教学内容是由无数个不同的单一动作组成的，要想使以后的动作组合、舞蹈作品精彩非凡，就得先将每一个单一动作练习好。因此，动作的规范性就成为幼儿舞蹈技能训练的重点。

幼儿舞蹈技能训练中强调动作的规范性，原因有二。其一，基本功训练中的每一个动作都有它本身的最佳审美视角。无论是静止还是流动，其动作的方位、角度、运行路线、用力的部位以及呼吸、韵律都有相应的要求，只有做到准确、规范，才能使动作达到最佳的审美要求。其二，强调动作的规范性也就是强调科学性的训练。比如在基本功训练中规范的压腿、踢腿方法就不会使孩子们的腿变形；再如孩子弯腰也要用规范的方法，不宜给予强压，否则就会给孩子带来难以弥补的身体伤害。只有强调动作的规范性，才会使幼儿舞蹈教学活动在良性的教学环境中发展壮大。

（二）强调动作符合幼儿的身体发展规律

舞蹈技能训练在使幼儿获得舞蹈技能、体验舞蹈魅力的同时，也使幼儿的身体素质、身体机能得到提高，促进他们身心的健康发展。而这些都是建立在科学的训练基础之上的，如果训练缺乏科学性，不但得不到预期的效果，还会降低舞蹈对幼儿身体发展的良性作用，甚至可能适得其反。

孩子的生长发育是有一定规律性的，尤其是幼儿动作的发育有其自身的规律。训练时要符合其规律就必须考虑到怎样合理地选择分配训练内容，其中包括训练的时间长度（如果训练时间过长容易引起幼儿过度疲劳）、动作的幅度大小（动作幅度不能过

---

① 王薇．如何培养舞蹈感觉，提高自身的舞蹈表现力[EB/OL]．(2011-04-05)．http://www.chinadance.cn/article-20090-1.html.

于激烈)、动作训练的先后顺序等。如在"踢腿"等动作前，如果先进行压腿练习，不仅能够避免腿部的肌肉拉伤，还会增强动作的效果；力量练习后要配合松弛和伸长肌肉的练习，以保证肌肉线条的优美……另外，基本动作的训练也应该是全面性的，不能因为某个部位的动作较难、在舞蹈中应用较多或较重要就进行过多的练习，也不能因为某个部位的动作不重要就忽略。适当合理地安排舞蹈技能训练，是指既能够满足训练的目的和要求，还能符合幼儿身体的实际接受能力，这样才能达到良好的训练效果。

(三)强调动作符合幼儿的心理发展规律

幼儿时代是游戏的时代，趣味成了他们乐于参加活动的准则，这就需要依靠有效的趣味性教学调动幼儿的积极性和主动性，使之充满热情地参与舞蹈技能训练。

当幼儿带着他们特有的好奇、好动、好模仿、好想象、天真活泼、好恶分明等心理特征进行舞蹈技能训练的时候，教师则要顺应他们这些心理发展的特点，运用适合幼儿心理发展的教育方法和手段，编排符合幼儿心理发展水平的动作，这样才能真正使幼儿获得身体活动的经验，培养他们良好的动作协调性和灵活性。

三、幼儿舞蹈基本技能训练应注意的问题

(一)采用科学的教学方法

幼儿舞蹈技能训练课程，对于幼儿来说应该算是很艰苦、枯燥的一门课程。如何使幼儿产生积极的学习欲望，使枯燥变为生动，是需要教师深入思考的。

第一，舞蹈基本技能训练不同于其他知识的传授，它不仅需要用肢体语言表现，也需要用口语语言描述。因此，教师在教授动作时，不仅示范要完整、准确到位，还要能用生动的语言分析讲解动作。只有当幼儿用自己的肢体动作感受到舞蹈训练带来的美好感受之后，才能对学习产生热爱之情。

第二，单一的教学方式和方法，常不能令幼儿保持很长时间的学习热情，应综合运用各种方式方法吸引幼儿的学习兴趣。例如，适当带领幼儿欣赏一些易懂的美妙的舞蹈片段；在学新舞蹈之前让幼儿倾听音乐旋律，了解音乐风格、节奏特点等；为孩子们配备道具、服装，感受学习的氛围；为幼儿创设情境，让他们一边表演故事情境，一边练习舞蹈的动作；请幼儿分组进行表演，以激发幼儿的表现欲望；请个别表现特别优秀的幼儿进行示范，引起幼儿之间相互模仿、共同进步的效应；等等。总之，科学的、不断变化的教学方法可以让幼儿始终保持在一个很好的学习浓度上。

（二）合理地安排教学步骤

在幼儿舞蹈技能训练中，每一个单一动作或组合动作的教学步骤均有自身的客观规律，具有其科学性，教师都应认识并遵循这一规律开展教学活动。那么，什么是合理的教学步骤呢？"由浅入深，由易到难，由简到繁，由局部到整体，由单一到组合，动作由原地到流动，速度由慢到快等"的步骤可以说就是合理的教学步骤。

一般来说，掌握新动作是一个循序渐进、逐步提高的过程，教学步骤过于烦琐或者一开始即练习"完成体"显然都是不适当的。前者不仅浪费时间，而且容易造成动作机械、不连贯的毛病；后者会使幼儿难以正确地完成动作。教学中应避免这两种倾向。教师在制定训练步骤时要根据教学对象的年龄、能力、理解力来设计。以幼儿学习"蛙跳步"为例，初学时要首先使幼儿掌握"蛙跳步"的基本脚步位置，然后要求掌握"蛙跳步"双起单落跳跃时动作起落的正确方法和舞姿，然后再逐步加上手臂的舞姿。又如学习模仿小兔子跳跃的"蹦跳步"，它可分为两步进行教学：第一步先学习脚下的蹦跳步法，第二步配合双手在头上方的折腕动作（小兔子的长耳朵）。

（三）合理地安排教学时间

幼儿的注意与成人有所不同，是以无意注意占主导的，虽然有意注意发展的速度较快，但孩子们的注意集中能力仍然较弱，因此教师在组织舞蹈基本技能训练时必须考虑他们生理、心理发展的特点，合理地安排教学时间。

首先，在进行动作技能的训练时，连续实施的时间不能太长（见第三章），对孩子来讲一次长时间的休息不如多次较短的休息。因此，在活动当中，教师每教授完一组单元动作后都应让孩子们稍作休息调整。实践证明，把长时间的训练活动拆分为若干个短的时间段，会更加有利于幼儿的学习。其次，在训练过程中，不能简单地只以某一种方式为主，这其中可以伴以其他方式交替进行，以降低幼儿学习的紧张度。比如，教授动作时中间插入提问、讨论，练习过程中间插入游戏等。

组织幼儿舞蹈技能训练，教师既要考虑幼儿注意力的特点，合理安排教学时间，同时也必须重视幼儿有意注意的逐步培养与发展。

🌿 话题小结 ··

幼儿舞蹈基本技能的训练是指幼儿在教师指导下对形体及基本舞姿等的最基础的训练。通过学习训练，逐步提高幼儿舞蹈动作的节奏感、协调性、灵活性、柔韧性和优美感。初步培养舞蹈时动作与呼吸、感情体验与表达的和谐一致的能力，为今后的舞蹈学习打下良好基础。

根据幼儿的动作发展特点，我们可以把幼儿舞蹈基本技能的训练分成三个学习阶段，各阶段之间互相联结，由易到难，具有顺序性和多样性。

幼儿舞蹈基本技能训练的上体动作包括：（1）头部基本动作，具体有：仰头、低头、倾头、转头、摇头、点头、晃头等。（2）上肢基本动作，具体有：上位、下位、前平位、前斜上位、前斜下位、旁平位、旁斜上位、旁斜下位、后斜下位等。（3）基本手臂舞姿，具体有：小波浪、大波浪等。

幼儿舞蹈基本技能训练的下肢动作包括：（1）走步类，具体有：走步、踮趾步、碎步、娃娃步、踏点步、前进步、后退步、横移步等。（2）跑跳类，具体有：蹦跳步、跳踢步、平踏步、进退步、吸跳步、横追步、小跑步等。

幼儿舞蹈基本技能训练的基本动物形象模仿包括：小兔状、蛙状、小鱼状、小鸭状、小猫状、小狗状、小鸡状、小羊状、老鼠状、小马状、小鸟状、老虎状、孔雀状、小猴状等。

幼儿舞蹈基本技能训练的意义包括：改善幼儿的自然体态、培养幼儿的基本身体素质、提高幼儿的舞蹈表现力。

幼儿舞蹈基本技能训练的原则包括：强调动作的规范性、强调动作符合幼儿的身体及心理发展规律。

幼儿舞蹈基本技能训练应注意的问题包括：采用科学的教学方法、合理地安排教学步骤及教学时间。

 自我评量

一、名词解释

1. 小波浪　　　　2. 大波浪

二、简述题

1. 什么是幼儿舞蹈基本技能的训练？
2. 幼儿为什么要进行舞蹈基本技能的训练？
3. 幼儿舞蹈基本技能的训练分为几个阶段？

三、论述题

1. 幼儿舞蹈基本技能训练的意义是什么？
2. 幼儿舞蹈基本技能训练的原则是什么？
3. 幼儿舞蹈基本技能训练应注意什么？

| 第八章 |

幼儿园舞蹈创编教学

1. 了解和掌握幼儿园舞蹈创编教学的概念。
2. 了解和掌握幼儿园舞蹈创编教学活动的步骤。
3. 了解和掌握幼儿园舞蹈创编作品的艺术处理。

● 第一节　幼儿园舞蹈创编教学概述 ●

　　舞蹈创编不仅是根据音乐跳舞或首尾连贯地进行运动，它是一种艺术，一种舞蹈的创作艺术。因此，必然有一定的规律和艺术法则可遵循。科学的舞蹈创编技术和方法，将会使创编的幼儿舞蹈作品具有更强烈的艺术感染力。

 案例导引8-1

　　创作一部好的舞蹈作品需要编导的眼光独到，他要善于把握时代的脉搏，抓住司空见惯的事物进行筛选，从中发现闪光点而加以提炼、升华，这样，栩栩如生的形象才能脱颖而出。如以幼儿喜爱的歌曲《健康歌》为创作题材，编导通过朗朗上口、耳熟能详的"脖子扭扭、屁股扭扭、抖抖手、抖抖脚"这几句形象鲜明的歌词作为主题动作加以创编，既让幼儿感受到舞蹈风格、动作、内容的亲切、自然，又让他们在欢乐、轻松的氛围中懂得了要锻炼好身体的道理。

一、什么是幼儿园舞蹈创编？

舞蹈创编是一种艺术，一种舞蹈的创作艺术。它是舞蹈编导利用舞蹈的手段，将舞蹈作品的设想外化为有形可见的舞蹈形象；而观众则是通过其所塑造的形象来了解舞蹈编导创作作品的主题、立意、形式、意境和表现手法等。

幼儿园舞蹈创编，有其独特性，它既要表现艺术想象的过程，又要展示形象思维的过程。当舞蹈编导将幼儿生活中的认知和感受进行提炼、升华后所勾勒出来的事物和形象，用符合幼儿生理、心理年龄发展特点的舞蹈动作语言表现出来时，它就赋予了其形式、姿态、色彩和情感的独创性。

二、幼儿园舞蹈创编的形式

（一）主题编舞法

先确定主题，再选择题材的舞蹈创作方法我们称之为主题编舞法。什么是主题？就是一个舞蹈作品所表达的中心思想（或称主题思想）。那么，什么又是题材呢？就是当编导用具体事物、生活情景去表现主题思想时，这种具体的材料就是"题材"。可以说，"主题"是一个舞蹈作品的核心、主体；"题材"是具体描写主题的材料。

舞蹈的主题是构成舞蹈作品的核心，也是舞蹈作品最基本的因素。一部好的幼儿舞蹈作品，其主题的选择一定逃不出生活这个大范畴，而那些与幼儿生活经历相关的或看似不太相关的内容则是对幼儿生活及生命感受的最好诠释。因此，用主题创编法创编幼儿园舞蹈，要求编导要身处幼儿的客观世界中，用幼儿的眼光观察事物，以表现幼儿生活的独特感受。当编导把幼儿世界中那些丰富多彩的生活现象，经过分析、选择、加工，创编出来一部部充满童心、童趣、童真的舞蹈作品时，必然会使幼儿对它产生深厚的情感、兴趣。

（二）即兴编舞法

即兴，指随意的意思。在这里指的不是"即兴舞蹈"的表现状态，而是指舞蹈编导面对编舞的一种形式和方法。即兴编舞法是指舞蹈编导事先并没有进行选择题材、确定主题、进行结构布局等任何编舞的案头工作，只是在音乐情绪、节奏等的激发下，根据自己的思维想象，在很短的时间内，以自然展现的肢体动作，表达音乐情绪和内心情感的舞蹈创作方式。

大多时候，编导采用即兴编舞的方式进行编舞，并不是打算就此把它作为已经编成的舞蹈，而只是在为舞蹈作品寻找有用的素材，那是因为在即兴状态下编导易有身体与心灵的本质交流。换一个角度说，当编导在脑海中闪现出某种形象和素材时，可能还不能形成清晰的动作，而只有当他在即兴状态去运作时，那一系列的东西及动作才会被具体化的构成、扩散和确定。用即兴的形式创编舞蹈，可以让编导对于舞蹈作品始终有陌生感和新鲜感，其心态是处于"学习和尝试"之中，这比"固有的执行任务"更显得积极、进取。可以说，无论从技术性还是从情感性，即兴编舞法都给予了舞蹈最为广阔的空间。

（三）音乐编舞法

音乐是舞蹈的灵魂和源泉，在现实生活中音乐常常同舞蹈结合在一起。一部优秀的音乐作品，总是能带给人一种震撼，使人受到强烈的感染，由此产生出创作舞蹈的欲望。这种根据音乐编创舞蹈的方法叫作音乐编舞法。[①]

在音乐编舞法中，编导要寻找的是对音乐的感觉。它的步骤一般是这样的。首先，编导需根据音乐的风格来确定舞蹈的形象；其次，要根据舞蹈的形象及主题来选择主题动作；最后，则根据音乐的旋律、节奏来确定舞蹈的节奏，并根据舞蹈的节奏来选择主题动作。可以说，在音乐编舞法中，最重要的是编导对音乐有深刻的理解和准确的把握。

用音乐编舞法创编幼儿园舞蹈，需要求舞蹈的动作语汇要积极配合音乐的性格、调性、节奏的变化以及种种转折的处理。由于音乐编舞法能够忠实反应音乐主体精神的动态，符合幼儿期思维具体形象的特征，也就成为最符合幼儿身心发展规律的舞蹈创编形式之一。音乐编舞法，可以让幼儿更好地在音乐中表现舞蹈的内容和情感，同时，也能让舞蹈充满着音乐的激情和性格，并将舞蹈打造成视觉的音乐。

（四）交响编舞法

什么是交响编舞法？交响编舞法其实是音乐编舞法的延伸。用最简练的话来说就是：在舞蹈创作中借鉴交响音乐的思维逻辑，以舞蹈特有的规律为主，力求达到音乐与舞蹈高度统一的一种编舞方法。交响编舞法受到交响曲创作经验的启示，借鉴了交响曲的音乐思维逻辑，极大地丰富了舞蹈创作手法，强化了舞蹈表现力，从而把舞蹈艺术推向了一个更高的阶段，因此可以说交响编舞法不仅是一种新的手法，同时也是一种新的创作思维。

著名舞蹈编导大师巴兰钦在其所创造的"交响芭蕾"里提出："尽力去用编舞的手段，对音乐的主题和情调加以视觉化，使舞蹈与音乐成为相依为命的关系，并被用来

[①] 王丹. 论音乐编舞法中主题动作的选择[J]. 新乡学院学报（社会科学版），2009（6）.

相互补充，编舞跟着音乐作品的旋律、感情属性和变调走。"[1]这段话同样适用于用交响编舞法创编的幼儿舞蹈。在编导用交响编舞法编排幼儿舞蹈时，舞蹈首先要体现出音乐形象展开过程中带有实质的感情因素，这不仅要求舞蹈编导要深刻理解音乐，包括它的结构、织体（是作曲技术理论中的一个概念，指的是音乐作品中声部的组合方式）、风格、情绪、内涵、作曲特征及创作背景等，还要从宏观上把握住音乐，从微观上尽可能贴切细腻地处理好音乐与舞蹈的关系；另外，幼儿舞蹈的创作要与交响曲一样达到一定的思想深度，切勿机械、形式主义地仿效音乐结构，变为"纯"的动作组合式的舞蹈。

（五）机遇编舞法

机遇编舞法是后现代舞的基本创作观念和手法之一，创始人是美国现代舞大师默斯·堪宁汉（Merce Cunningham）。其核心性的"非确定性"思想和"投掷硬币"的方法来源于中国古代哲学经典《易经》以"变"为本的宇宙观和"摇签落地"的方法论，时间从1951年其得到英译本《易经》开始。具体到编舞的环节是这样的：编导如果在编舞过程中卡在任何一个环节上了，如动作素材枯竭，舞台调度死板，在诸多方式和效果中难以判别哪种更好，舞段之间串不起来，舞者人数、上场方位、节奏型、音乐等定不下来时，便将这些亟待解决的大小难题，分解成若干种元素，然后统统编上号，最后用投掷硬币的方法来进行抉择。这种方法貌似烦琐，但却能有效地避免编导重复自己，帮助他们创作出不同于他人，甚至不同于自己过去的作品来。

作为舞蹈创编方法之一的机遇编舞法，可能较少地应用于幼儿舞蹈的创编中，但是它对于拓宽编导的编舞思维方式，也有着十分重要的意义。机遇编舞法彻底打破了以往的舞蹈创编模式，为幼儿舞蹈编导指出了多种可行的路径；而对于幼儿舞蹈作品来说，它则加强了作品意义的含混性、不确定性以及模糊性。因此，从此种角度上来说，机遇编舞法可使幼儿舞蹈作品的意义更加宽泛。目前，幼儿舞蹈已经开始从动作本身和作品表现的实际需要为目的来寻找更为合适的突破性表现，这也给了机遇编舞法更多的施展空间。

三、幼儿园舞蹈创编的构成要素

（一）构思创作是舞蹈创编的关键

舞蹈创作中的构思，是舞蹈编导在进入创作之前对一个舞蹈全部设想的总和。具

---

[1] 杨志晓. "交响编舞"探究之：群舞编排中的复调求异思维[D]. 福州：福建师范大学硕士学位论文，2007.

体地说，是指舞蹈编导在体验、感受生活的基础上，运用舞蹈的形象思维，对所要创作的舞蹈作品，从萌芽、酝酿到成熟的思维孕育过程。[①]

构思的重要性就在于它决定了舞蹈作品的整个面貌。任何舞蹈构思的基础都来自生活，任何舞蹈构思的动力来自创作的情感冲动所表现的强烈欲望，也正是如此，舞蹈的技术性编排应服从于舞蹈作品的构思，幼儿舞蹈的创编也应该遵循这个规律。[②]那么，在幼儿舞蹈创编中，构思又具体包括哪些方面呢？幼儿舞蹈构思包括确定舞蹈的主题、设计细节和情节（舞蹈的意境、节奏、画面、队形、调度等）、采用什么样的音乐、如何选择主题动作等等。当舞蹈编导深入幼儿的情感世界中，用幼儿的思维方式展开想象的时候，才能发出灵感，捕捉到有创作潜力的形象。

（二）动作是舞蹈创编的核心要素

舞蹈的实质是艺术化的人体动作。这一特性决定了创编者的人生观念、生活感悟、价值判断和情感表达必须以动作呈现方式为前提。因此，对动作形式的感悟、认知、把握和创造运用在创作中的重要性是毋庸置疑的。[③]

幼儿舞蹈动作本身就是源于幼儿自身生活的模仿与提炼，也是一门生活与感受、体验与创造的艺术。它既要适合幼儿的身体发展的自然规律，又要达到与舞蹈作品的高度统一。因此，在幼儿舞蹈创编中，编导思考动作素材这一环节自然是十分重要的，因为动作素材要能呈现出舞蹈作品的构思并赋予其活力。创作者只有结合幼儿的身体和心理状态，并根据舞蹈作品的主题用自己的身心去体验，才能找出比较准确、合理的表现动作。当然，在创编过程中，编导对于挖掘、选择和发展主题动作、动作的连接方式以及对动作素材进行个性化的创造等方面所做的探究也是必不可少的。

（三）构图是舞蹈创编的表现手段

舞蹈构图是舞蹈作品的有机组成部分和主要表现手段之一。它是指舞蹈作品中的人物在舞台上活动时，舞蹈位置的移动所形成的路线和位置变化构成的排列在人的视觉上产生的画面效果。舞蹈构图不仅可以把动作与情节的发展有机地连接在一起，使舞蹈作品呈现出全貌，还会深刻表现作品的主题思想、生动塑造完美的舞蹈形象，对充分发挥舞蹈艺术特有的表现力产生重要的作用。[④]

在舞蹈创编乃至幼儿舞蹈创编中，构图是随着人物的行为与感情发展而设计的，

---

① 陈康荣. 舞蹈基础［M］. 上海：复旦大学出版社，2012：196.
② 陈康荣. 舞蹈基础［M］. 上海：复旦大学出版社，2012：197.
③ 李莉莉. 论舞蹈创编的三要素［J］. 湖南广播电视大学学报，2006（2）.
④ 李莉莉. 论舞蹈创编的三要素［J］. 湖南广播电视大学学报，2006（2）.

没有什么固定程式，关键是要通过队形、图案的变化把舞台衬托成舞蹈作品所需要的空间和境界。总体来说，幼儿舞蹈创编中的舞蹈构图应遵循以下四点原则：第一，舞蹈构图要服从和适应舞蹈作品的内容的要求；第二，舞蹈构图要从表现人物的情感和思想出发；第三，舞蹈构图要衬托和展现舞蹈作品所规定的环境；第四，舞蹈构图要符合艺术形式美的规律和法则。

● 第二节　幼儿园舞蹈创编教学活动的步骤 ●

　　幼儿舞蹈是一门情感的艺术，更应该注重追求情感与舞蹈的融合。这就要求编导在创编幼儿舞蹈时，一定要用幼儿的思维方式来表现幼儿的情感，要符合孩子的"口味"。只有用新颖独特的视角，形式多样、能够反映幼儿内心生活世界的舞蹈形象创编出来的幼儿舞蹈作品，才能使孩子们受到艺术的感染，引起情感上的共鸣，进而理解舞蹈作品所表现的主题思想。

 案例导引 8-2

　　在幼儿舞蹈的创编过程中，编导必须有一个明确的目的，要从幼儿生活实际出发，通过舞蹈反映生活事件和幼儿形象。因此，幼儿舞蹈的创编要生活化。当舞蹈的主题是幼儿熟悉的现实生活背景或是他  们所心爱的文艺、文学作品时，幼儿在表演、欣赏时就会将自己置身于舞蹈之中，并与舞蹈中所表达的思想感情产生共鸣，从中获得教益。例如以深受幼儿喜爱的动画片《喜羊羊和灰太狼》为创作题材，不仅能让幼儿从中体验在舞蹈中小羊们战胜灰太狼所带来的快乐，激发他们对舞蹈的热爱，还能让幼儿懂得不怕困难才能取得成功的道理。

一、舞蹈题材的确定

　　如果舞蹈主题是表现什么，那么题材的选择，就是怎样去表现，它是舞蹈作品成功的关键。换句话说，舞蹈题材就是指舞蹈作品中所反映和表现的生活内容材料。它是编导将客观社会、历史事件或现代生活事件、生活现象等素材用舞蹈创编的视角进行选择、集中、提炼加工而成的。

幼儿舞蹈题材可以说包罗万象，就好似满天繁星在向我们眨眼。但是，作为一名幼儿舞蹈编导，如何去选择呢？其实很简单：只有当我们真正了解幼儿生理、心理特点，努力把握幼儿认识客观世界和反映客观世界的特点，洞悉幼儿微妙的心灵内涵的时候，就会得到无竭的启示，产生出无穷的情趣和丰富的想象，并从中捕捉到能用舞蹈形式来表达儿童情趣的舞蹈形象。

幼儿舞蹈题材大致分为以下几种，我们可以从中选择。

（一）现实题材

这类题材指的是直接反映当代儿童精神面貌的题材，如爱祖国、爱劳动、爱科学、守纪律、助人为乐等，更主要的是反映当代儿童的现实意识、主体意识及参与意识。

（二）寓言题材

这类题材最大的特点是借幼儿非常感兴趣的自然景物或动物的外形特点、性格来寄寓某种思想或说明某种道理，常用夸张、拟人、幻想的手法塑造人物形象。

（三）历史题材

这是指以历史人物和事件作为幼儿舞蹈创作的题材。它可以在真实的历史人物和事件的基础上，进行必要的集中概括和适当的虚构，再现一定历史时期的社会风貌和展示历史发展趋势，使幼儿从舞蹈中受到一定的教育和启迪。

二、舞蹈结构的形成

舞蹈结构是指舞蹈作品的组织方式和构造方法，它与体现舞蹈编导的创作构思、塑造的舞蹈形象、表达的思想情感以及舞蹈语言的运用都有着密切的联系。换言之，舞蹈结构表现的是舞蹈作品的思想内容，是将内容和形式统一起来的一种手段，它决定着如何安排和分配舞蹈的形象和情节。[①]结构是舞蹈作品的设计图和创作依据，是舞蹈创作顺利进行的有效和必需的手段，也是完整统一的舞蹈作品创作的基本保证。如果说主题是舞蹈作品的灵魂，那么结构就是舞蹈作品的骨架和内部构造。

在舞蹈创编中，结构的过程也是一个充满了创造想象，并利用舞蹈思维进行反复探索、寻找最佳的外化途径的过程，它使形象和动作的语言逐渐连贯，使编导作品所

---

① 陈康荣. 舞蹈基础[M]. 上海：复旦大学出版社，2012：199.

要表达的内容在一个富有观赏价值的结构框架中得到体现，幼儿舞蹈创编亦是如此。在幼儿舞蹈创编中，结构的方式有哪些呢？

（一）情节结构

情节结构带有叙事性，通过特定的事件塑造出具有一定性格的人物。这种结构一般是围绕所表现的某一中心事件展开，要求线索清楚，脉络分明，人物情感的发展自然流畅。它的结构一般按开端、发展、高潮、结局的方式组成。

（二）情感结构

情感结构是根据舞蹈作品中人物情感的发展逻辑和表现不同情感的要求来安排人物的行动和舞蹈场景的结构方式，多用于抒情性的舞蹈作品。它可分为单一性情感结构和复合性情感结构两种形式。单一性情感结构，即所表现的人物的情感比较单一，没有繁复的发展变化，多以舞蹈的节奏和情绪的类型对比来进行舞蹈的结构。复合性情感结构，以人物各种复杂情感的交织及其发展变化来安排人物的行动和舞蹈场景。

（三）音乐结构

音乐结构不仅为编导提供了舞蹈节奏的基础，而且提供了舞蹈的情感、思想、性格、形象和结构，它会使编导产生取之不尽的灵感。可以说，一个好的舞蹈结构是建立在一个好的音乐结构之上的。好的音乐结构能使舞蹈作品呈现跌宕起伏的效果。

三、舞蹈音乐的选取

舞蹈与音乐有着最为亲密的关系。无论从立意到风格、从情调到节奏、从气氛到意境，舞蹈与音乐都应是水乳交融、不可分割的。音乐不仅能决定舞蹈的长度和速度，还能衬托舞蹈的韵味，促使舞蹈语汇准确、精练。另外，在推动舞蹈动作的语言性和情绪的深入发展方面，也必须借助音乐的旋律、节奏来体现。可以说，在舞蹈作品中，音乐和舞蹈共同担负着刻画人物形象、表达思想内容的重要任务。[①]

由于音乐对舞蹈作品的成败起着极为关键的作用，那么，如何选择幼儿舞蹈音乐？让音乐更适合幼儿舞蹈的表现就成为摆在幼儿舞蹈编导面前的一道难题。我们可以从以下方式中进行选择。

---

① 王程芳. 选择少儿舞蹈音乐的方法与途径[J]. 黄河之声，2009（9）.

（一）选择已有的歌曲和乐曲

最为简单的方法，就是选择现今已有的优秀的幼儿音乐作品，包括歌曲、乐曲、诗歌等。因为当今时代的音乐作品，距离幼儿的生活最近，它最能反映出当今幼儿的风貌，易于幼儿去表现。但是选择已有的歌曲也有其局限的地方，如歌曲或乐曲的结构过于单一，不太能表现人物情绪的起伏、变化等，因此，直接选择歌曲进行编舞不太能全面诠释舞蹈作品的内涵。

（二）对已有的音乐进行剪辑和编辑

编导把一段或是几段音乐进行裁剪粘贴组合成自己想要的音乐，这是幼儿舞蹈编导们常用的一种选取音乐的方法。通过这种方法所选择的音乐最能突出编导的所思所想，也最能表达舞蹈作品的主题。但编导需注意，在剪辑音乐过程中，要尽量保持音乐风格、旋律、节奏的完整性，不能因为某两段音乐好听就生硬地把它们剪辑在一起，这样不仅不能达到效果，还破坏了音乐的规律性，从而导致舞蹈风格的不一致性，也使孩子们的表现力大打折扣。

（三）创作舞蹈音乐

众所周知，一个好的舞蹈音乐必定是根据创作者的意图和构思量身打造的。在幼儿舞蹈创编中，舞蹈编导可以采用创作音乐的方法选择舞蹈音乐。也就是编导把自己的创作动机和意图构思直至素材的运用、人物形象和场面的设想、舞蹈的气氛和效果等告知作曲者，使作曲者想象出舞台上出现的情境而产生共同的欲望和认知。创作舞蹈音乐必定要花费很多的时间精力和经费，但创作的音乐同样具备了高品质、高水准，为舞蹈编导的创作打开了大门，拓展了思路。[①]

四、舞蹈构图的形成

舞蹈构图是舞蹈语言在舞蹈舞台上存在和呈现的方式，也是舞蹈在时间、空间中的动态结构。它是以人体动作姿态的发展变化结合人物在舞台上移动的位置的变化（即舞台空间运动线）所形成的不同舞蹈画面的组接，是舞蹈动作和姿态的动与静的统一，是舞蹈舞台的时间和空间的统一。舞蹈构图对表现幼儿舞蹈作品主题、创造意境、渲染气氛、塑造形象等都有重要的作用，是舞蹈艺术形式美的重要因素之一。

下面我们就舞蹈队形的图示和舞台的调度两个方面展示一下舞蹈的构图。

---

① 王程芳. 选择少儿舞蹈音乐的方法与途径[J]. 黄河之声，2009（9）.

（一）舞蹈队形

舞蹈的队形及舞蹈静止的视觉画面，是舞蹈整体的造型。它包括以下基本队形。

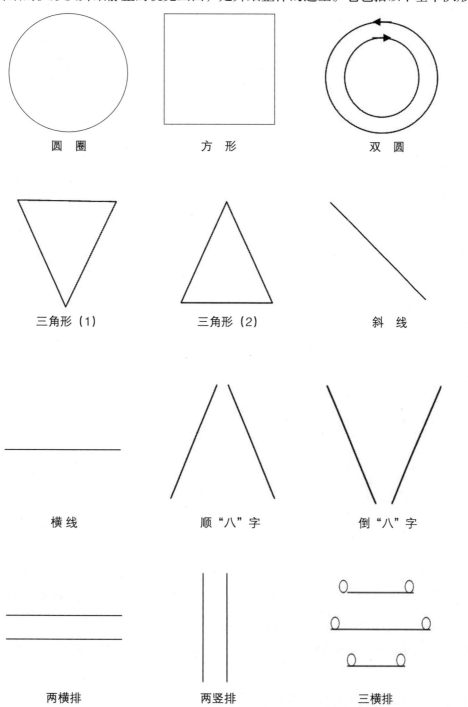

圆 圈　　　　　　　方 形　　　　　　　双 圆

三角形（1）　　　　三角形（2）　　　　斜 线

横 线　　　　　　顺"八"字　　　　　倒"八"字

两横排　　　　　两竖排　　　　　　三横排

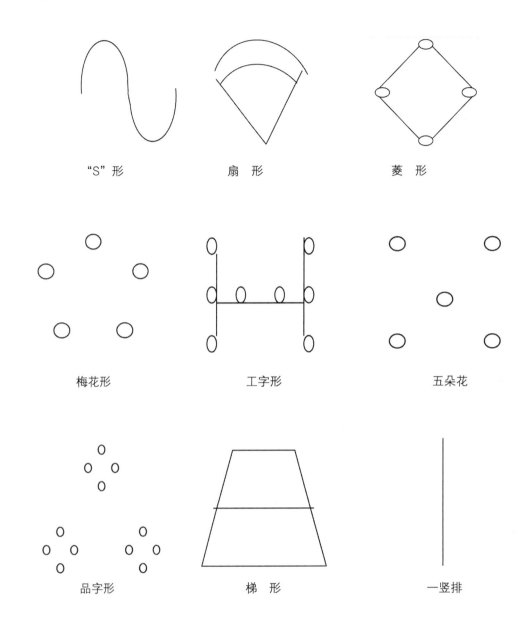

"S"形 　　　　扇　形 　　　　菱　形

梅花形 　　　　工字形 　　　　五朵花

品字形 　　　　梯　形 　　　　一竖排

（二）舞台的调度

舞台调度是构成舞蹈艺术表现手段的一个重要方面，是为了展现作品思想感情的一种造型手段。它是通过演员在舞台上活动位置的安排与转换所形成的流动的画面。在幼儿舞蹈创编中，编导应充分合理地使用舞台空间进行调度，使舞台形象更加活跃，更具表现力。

绕八字：舞者行进的路线图形有如数字"8"（可以以个人或集体形式出现）。

向内收缩的圆：舞者从舞台的各个位置集中向舞台中心行进。

向外扩散的圆：舞者从舞台的中心统一向外扩散。

内外交叉流动的圆：舞者以圆形的队形为基础，分别向内、外交叉流动。

向前移动的方形：舞者以方形的队形为基础，整体向前移动。

向外扩散的方形：舞者以方形的队形为基础，整体向四周扩散。

在圆形上对穿：舞者以圆形的队形为基础，交叉对穿。

龙摆尾：舞者以一竖排的队形为基础，经"S"形路线行进，图形有如"龙摆尾"。

二龙吐须：舞者以两竖排的队形为基础，由后向前行进，再分别向左、右两侧横向行进，图形有如"二龙吐须"。

十字旋转：舞者以"十字队形"为基础，进行顺时针或逆时针转动。

二横排的穿插：舞者以两横排的队形为基础，前后穿插行进，互换位置。

二竖排的穿插：舞者以两竖排的队形为基础，左右穿插行进，互换位置。

斜排到横排的穿插：舞者以斜排的队形为基础行进，再转向横排行进。

方形的流动：舞者以方形的队形为基础，进行顺时针或逆时针行进。

反转的双圆：舞者以里、外两个圆形的队形为基础，进行顺时针或逆时针行进。

一排的前进与分散：舞者以一横排的队形为基础，向前行进后再分散。

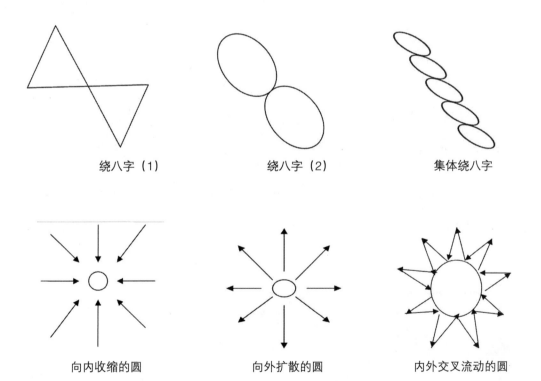

绕八字（1）　　　　　绕八字（2）　　　　　集体绕八字

向内收缩的圆　　　　　向外扩散的圆　　　　　内外交叉流动的圆

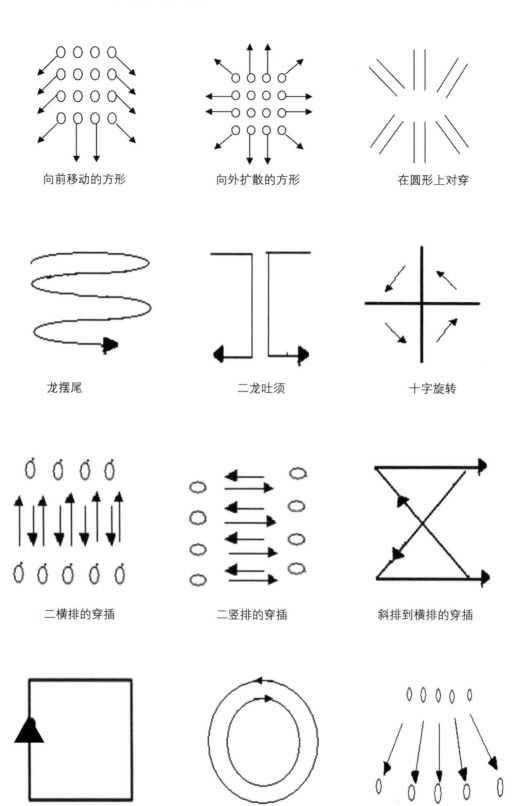

向前移动的方形　　　　　　向外扩散的方形　　　　　　在圆形上对穿

龙摆尾　　　　　　　　　　二龙吐须　　　　　　　　　　十字旋转

二横排的穿插　　　　　　　二竖排的穿插　　　　　　　斜排到横排的穿插

方形的流动　　　　　　　　反转的双圆　　　　　　　　一排的前进与分散

五、舞蹈主题动作的选择和发展

主题动作是指最能体现人物个性或舞蹈特性的具有典型性的舞蹈手段。它在舞蹈作品中多次重复出现并加以发展，给人以深刻的印象。幼儿舞蹈创编的首要问题是根据动机寻找主题动作，其次是把这个主题动作发展下去。[①]在幼儿舞蹈创编中，编导选择设计主题动作时可以从这几个方面考虑：从舞蹈作品内容的需要出发，按创作主题的提示设计；从音乐提供的形象中获得启示，与音乐形象贴近；按照人物形象的要求设计；从情绪的基调出发等进行思考选择。

有了形象鲜明的主题动作还不能形成一个舞蹈作品，必须将这个主题动作扩展，派生出若干个有机联系着的系列动作，这就是发展主题动作。发展舞蹈的主题动作可以采用多种方法：将主题动作进行上、下、左、右、前、后等各方向和舞台位置的变化；将主题动作进行强弱、深浅力度的变化；保持主题动作时值不变，在原有动作中加上新的因素；在主题动作的基础上，增加新的难度；改变主题动作的内部节奏，进行强、弱、快、慢的速度变化；主题动作的连续重复和断续重复；主题动作时值不变，保留一部分，再改变一部分；调整主题动作的连接顺序；改变空间的位置；改变身体部位的节奏；改变主题动作的情感；在不超过主题动作的节拍长度中，进行节拍的延长或缩短等。

● 第三节　幼儿园舞蹈创编作品的艺术处理 ●

一部优秀的幼儿舞蹈作品，在艺术处理上应该具有：新颖、独到的开头，震撼人心的中间环节以及充满魅力、让欣赏者回味无穷的结尾。恰当的艺术处理方法，会使舞蹈作品的主题突出、形象完美，从而起到拨动心弦的作用。

 案例导引 8-3

确定幼儿舞蹈作品的结构非常重要，虽然要根据作品的不同内容寻找最恰当的表现形式，但是其结构规律都是一样的，都是由开头、发展、高潮、结尾几部分组成。合理的艺术处理方式会使舞蹈更富有情趣和教育意义。

---

① 李莉莉. 论舞蹈创编的三要素[J]. 湖南广播电视大学学报，2006（2）.

例如根据童话故事改编的幼儿舞蹈《小红帽》。在舞蹈的开场部分，讲述了小红帽在森林中遇到了可怕的大灰狼，而发展和高潮部分是小红帽如何机智、灵活地应对，结尾则是小红帽终于胜利地逃离了大灰狼的魔爪。从舞蹈中我们可以看出，设计好开端、高潮和结尾可以使舞蹈作品完整，当然也可以更好地表达主题思想。

一、舞蹈开场的处理

万事开头难，编舞也一样。所谓开头难，一是因为舞蹈从一开始就要调动起观众的兴趣，从视听的感觉和艺术处理的趣味性引入他们对舞蹈的欣赏。二是舞蹈的开始，往往是舞蹈展开的关键，起着定调的作用，同时又起着舞蹈发展的起动机的作用。开头的方法，一般有表现环境、渲染气氛、点明题意、抓住要领、揭示人物、提示情节、介绍人物等等。[①]

在幼儿舞蹈创编中，我们可以采用以下方法进行开场的处理。

（一）静止造型法

以静止不动的造型为开场动作，这种手法可以使幼儿舞蹈的人物形象和主题思想从一开始就能集中、概括地予以展示。通过采用这种处理方法，可以消除舞台的空间感，使观众一下子就看到富有实体的一幅人物肖像画，并从这静止的、多样统一的舞蹈造型中，从静到动、从小动到大动的舞蹈过程里，仔细地看清和领略编导的特定意图，并为之吸引。这种处理方法的特点是开门见山，一目了然。

（二）循序渐进法

由远而近、循序渐进的开场方法会将观众的情绪逐步地带入规定的艺术境域，并逐渐地达到感情上的共鸣。这种方法一般是在舞蹈的开场，让演员以统一而富特色的舞蹈动作，依次顺序地进入观众的视觉画面。这种处理手法的特点是由远而近、由淡而浓、层层推进，使观众自然感受到特定的节奏，并随着舞蹈的依次发展，逐步丰富形象，形成一种在感情上欲罢而不能的艺术魅力。

（三）逆光剪影法

这是一种运用灯光变化取得特殊效果的处理方法。它以剪影的艺术手法，使舞蹈的开场处于逆光的暗影中，这样可以突出地描绘出特定的景色和人物的活动神态，使

---

① 陈康荣. 舞蹈基础[M]. 上海：复旦大学出版社，2012：203.

观众在一开始就产生感情和心理上的一种集中和奇妙的感觉，从而引起一定的联想。当灯光逐渐变亮后，观众也自然能更集中地注意舞台上的演员活动。这种处理方法的长处是能以光线的明暗反差和对比，勾画出特定的景色，并以此呈现出人物的特殊情调和色彩，使观众在抒情之中获得艺术上美的享受。

（四）先起后伏舞动法

所谓先起后伏，就是在一开始以炽热或抒情的舞蹈场面构成特定的节奏和气氛。这种方法通常以群舞的多样统一的节奏和动作形成浓郁的生活气息和某一侧面，使观众得以身临其境地从一开头就进入规定情境之中，并达到感情上的直接交流和强烈共鸣。它的特点是让这块固定的舞台空间有充实感和活力，迅速地调动起观众的激情，使人们深入舞蹈的情节、情绪的发展和变化之中。[①]

二、舞蹈高潮的表现

在一个舞蹈作品中，高潮所占的时间并不长，但却是全舞中最精彩、最动人的部分。因为高潮的出现把舞蹈的节奏和气氛推向最高峰，使作品的事件、人物都置于矛盾最尖锐点。舞蹈动作的特色、形象的塑造，也随之升到饱和点，因此，舞蹈的高潮扣人心弦，激发观众的感情共鸣。高潮不是随心所欲，任意安排的，它必须依据生活的规律、艺术结构的需要，随着舞蹈的故事情节和人物内心情绪的发展而形成。[②]

我们可以根据以下几种形成"高潮"的方法在幼儿舞蹈创编中加以尝试。

（一）通过快速节奏和激烈动作形成高潮

这种处理手法，是指根据音乐由缓而急、自弱变强的节奏特点，其相对应的、富有人物性格特色的舞蹈动作也要做出相应的变化。也就是说，动作也是要随着节奏的变化由慢而快直至激烈。这种在快速的节奏中不断地重复、集中和夸张的动作表现，极大地渲染舞蹈作品的情绪和气氛，并能将舞蹈作品推向高潮。

这种方法可以很好地突出人物的内心情绪，丰富人物的形象。它一般运用在情绪舞蹈中，善于表达炽热、欢庆和激动人心的情绪和气氛。

（二）通过歌声和人声烘托气氛形成高潮

这种处理手法，是在舞蹈进行的同时，伴以歌声和人声以增强舞蹈作品的情绪感和氛围感。在舞蹈中，伴以歌声和人声，一方面可以使人物更具生命力与表现力，为

---

① 崔景秋. 在形体舞蹈编创教学过程中对开头和结尾的几种处理方式[J]. 成功（教育），2012（2）.
② 崔景秋. 对舞蹈情节、细节及高潮处理的几点思考[J]. 小说评论，2010（4）.

观众塑造了鲜活、朝气、激情及富有情感的角色形象，也使角色的表演更具感染力，能够引起观众的情感共鸣；另一方面，还可以进一步阐明舞蹈作品的主题思想，起到了加强节奏、渲染气氛，将情绪推向高潮的作用。

（三）通过特定的技巧动作形成高潮

这种处理手法，是根据内容和情绪的需要适当选取舞蹈中的有一定难度的技巧动作来塑造人物的情感，从而促使舞蹈的情绪向上发展，使观众感受到强烈的情绪情感和氛围。采用一定的技巧动作，不仅能增强作品的感染力和扣人心弦的吸引力，对舞蹈作品起到画龙点睛的作用，还会使表演的氛围得到强化，舞者和观众产生共鸣，它能自然而然地把观众带入舞者所要渲染的意境中，将舞蹈推向高潮。

三、舞蹈结尾的处理

舞蹈结尾的处理方法，不是一个随意形式，它是作品的添加剂，起着强有力的加强和补充作用。在幼儿舞蹈创编中，其结尾方法的选择，必须从幼儿舞蹈的内容出发，为展示人物思想、塑造舞蹈形象、挖掘主题、烘托气氛服务。[①]一个好的舞蹈结尾，往往能达到画龙点睛和趣味无尽的美学目的。

（一）还原式处理

无论是静止造型、顺序渐进，还是逆光剪影等在舞蹈中开始时出现的处理手法，只要它们的结尾仍然和开场的处理相似，就都属于还原式处理手法。简单地说，即舞蹈开场采用的手法，在结尾再次表现。但是这种还原，并不是形式和表演手法的简单重复和再现，而是根据主题的深化、情节的推进和人物形象的塑造，对原有开场的表现手法进行发展和促新，进一步丰富舞蹈的形象。

（二）切光式处理

这种处理方法是在舞蹈的结束时把灯光逐渐变暗，最后突然熄灭。它利用光线在视觉中明与暗的变化而产生的艺术效果，使本来沉浸在舞蹈动态、人体形象感觉、舞蹈细节和情节气氛之中的观众，在进行意味深长的思维体验时，由于灯光的变化而在视觉中改变了舞台空间的构图效果……这种处理能使观众更深地感触到景物由近而远、自浓而淡的舞蹈意境，情感也随之进入更深远的境界之中。这种手法具有拨动心弦的艺术魅力。

---

① 刘忠欣. 论舞蹈作品结尾的艺术功能[J]. 戏剧之家，2012（4）.

（三）行进发展式处理

行进发展的结尾方法，即舞蹈的主题已经提示，情节已告一段落，舞蹈的情绪也已经推向了最高潮，但是表演者的舞姿却没有戛然而止，而是仍然在不断地延续流动、推进，观众的情感也仍然伴随着舞蹈的流动而翻滚……①这种处理方法，达到了锦上添花的特殊效果，使主题更突出、舞蹈形象更完美，具有振奋精神的艺术效果。

四、幼儿舞蹈创编的艺术处理的具体方法

舞蹈创编的过程是一个将客观生活的现实时空转化为舞蹈编导主观感受的意向时空的过程。在这两种时空形态的转化过程中，其艺术处理方法显得尤为重要。幼儿舞蹈创编亦是如此，其艺术处理方法大致包括以下几个方面。

（一）夸张

高尔基说："夸张是创作的基本法则。"美学家朱彤说："只有通过虚构进行夸张，才能创造艺术美。"夸张是从生活中提炼与升华，将生活中形体感觉反应扩大化。它可以使所表现对象的特征更加鲜明，可以把人物的外貌以及内心世界刻画得更典型。因此，在舞蹈创编中，编导者应该以现实生活为依据，进行大胆而又合理的艺术夸张。而在生活基础上的虚构与夸张，又正是少年儿童的心理特征之一。基于这一特征，幼儿舞蹈的创作，应该比实际生活更高、更强烈、更集中，显现出更美好、更浪漫的艺术境界。

（二）对比

艺术最讲对比，采用对比手法纵横整个舞蹈作品，会使舞蹈的画面更引人注目、更动人。在这里，动与静、快与慢、紧与松、强与弱、明与暗、粗与细、高与低、简与繁等手法的巧妙运用可使人物形象鲜明、冲突紧凑，起到互相生辉的作用。对比既是促成舞蹈发展变化的基本方法，也是增强舞蹈表现力的基本方法。

（三）重复

重复的方法也称再现法，即将舞蹈中已经出现的动律、动作、步伐，甚至于整段的动作再现。重复可以起到加深印象、强化形象和增强表现力的作用。其做法可有多种：主题动作贯穿始终；主题动作在不同的情节、段落、节奏下交换出现；主要的舞蹈段落反复出现；开头和结尾是同样的舞蹈处理或"意境"的再现等。

---

① 刘忠欣. 论舞蹈作品结尾的艺术功能[J]. 戏剧之家，2012（4）.

（四）渲染

人物的某些活动，如果按生活的真实表现可能并不需要很长的篇幅，但是为了渲染和强调某种情感活动，在舞蹈创作中就允许将它放慢、加长、夸大，以达到感人的程度。渲染可以强调舞蹈表演者的身份和事件性质，在很大程度上使舞蹈作品的表意更为准确，使舞蹈的语言表现性更为形象。当舞者和场景相融，动作与时空一体，舞蹈与观众共鸣，情感意境也就自然而然地得到了体现。正是由于渲染的独特作用，它将使舞蹈作品更为丰满，使观众能循着情节的进展把握和理解作品的主题，感受和融入舞者所要表达的那种丰富的内心世界和情感。

话题小结

舞蹈创编是一种艺术，一种舞蹈的创作艺术。幼儿园舞蹈创编，有其独特性，它既要表现艺术想象的过程，又要展示形象思维的过程。当舞蹈编导将幼儿生活中的认知和感受进行提炼、升华后所勾勒出来的事物和形象，用符合幼儿生理、心理年龄发展特点的舞蹈动作语言表现出来时，它就赋予了其形式、姿态、色彩和情感的独创性。

幼儿园舞蹈创编包括主题编舞法、即兴编舞法、音乐编舞法、交响编舞法、机遇编舞法。

幼儿园舞蹈创编的构成要素包括：（1）构思创作是舞蹈创编的关键；（2）动作是舞蹈创编的核心要素；（3）构图是舞蹈创编的表现手段。

幼儿园舞蹈创编教学活动的步骤包括：（1）舞蹈题材的确定；（2）舞蹈结构的形成；（3）舞蹈音乐的选取；（4）舞蹈构图的形成；（5）舞蹈主题动作的选择和发展。

幼儿园舞蹈创编作品的艺术处理包括：（1）舞蹈开场的处理；（2）舞蹈高潮的表现；（3）舞蹈结尾的处理。

幼儿舞蹈创编的艺术处理的具体方法包括夸张、对比、重复和渲染。

自我评量

一、名词解释

幼儿园舞蹈创编

二、简述题

1.幼儿园舞蹈创编包括哪些形式？

2.如何确定舞蹈题材？

3. 如何形成舞蹈结构?

4. 如何选取舞蹈音乐?

5. 如何形成舞蹈构图?

6. 如何选择和发展舞蹈的主题动作?

三、论述题

1. 如何对舞蹈的开场进行处理?

2. 如何表现舞蹈的高潮?

3. 如何对舞蹈的结尾进行处理?

4. 幼儿舞蹈创编有哪些艺术处理方法?

北京大学出版社
教育出版中心 精品图书

博雅教学服务进校园

教辅申请说明

尊敬的老师：

您好！如果您需要北京大学出版社所出版教材的教辅课件资源，请抽出宝贵的时间完成下方信息表的填写。我们希望能通过这张小小的表格和您建立起联系，方便今后更多地开展交流。

教师姓名		学校名称			院系名称	
所属教研室		性别		职务		职称	
QQ				微信		
手机（必填）				E-mail（必填）		
目前主要教学专业、科研领域方向						
希望我社提供何种教材的课件						
书　　号		书　　名			教材用量（学期人数）	
978-7-301-						
您对北大社图书的意见和建议						

填表说明：

（1）填表信息直接关系课件申请，请您按实际情况**详尽**、**准确**、**字迹清晰**地填写。

（2）请您填好表格后，将表格内容拍照发到此邮箱：pupjfzx@163.com。咨询电话：010-62752864。咨询微信：北大社教服中心客服专号（微信号：pupjfzxkf，可直接扫描下方左侧二维码添加好友）。

（3）如您想了解更多北大版教材信息，可登录北京大学出版社网站：www.pup.cn，或关注北京大学出版社教学服务中心的官方微信公众号"北大博雅教研"（微信号：pupjfzx，可直接扫描下方右侧二维码关注公众号）。

北大社教服中心客服专号

"北大博雅教研"微信公众号